新しい教職教育講座　教科教育編❻
原 清治／春日井敏之／篠原正典／森田真樹［監修］

初等音楽科教育
保幼小の確かな連携をめざして

高見仁志 [編著]

ミネルヴァ書房

新しい教職教育講座

監修のことば

　現在，学校教育は大きな転換点，分岐点に立たされているようにみえます。
　見方・考え方の育成を重視する授業への転換，ICT 教育や特別支援教育の拡充，増加する児童生徒のいじめや不登校への適切な指導支援，チーム学校や社会に開かれた教育課程を実現する新しい学校像の模索など。切れ間なく提起される諸政策を一見すると，学校や教師にとって混迷の時代に突入しているようにも感じられます。
　しかし，それは見方を変えれば，教師や学校が築き上げてきた地道な教育実践を土台にしながら，これまでの取組みやボーダーを超え，新たな教育を生み出す可能性を大いに秘めたイノベーティブな時代の到来ともいえるのではないでしょうか。教師の進むべき方向性を見定める正確なマップやコンパスがあれば，学校や教師の新たな地平を拓くことは十分に可能です。
　『新しい教職教育講座』は，教師を目指す学生や若手教員を意識したテキストシリーズであり，主に小中学校を対象とした「教職教育編」全13巻と，小学校を対象とした「教科教育編」全10巻から構成されています。
　世の中に教育，学校，教師に関する膨大な情報が溢れる時代にあって，学生や若手教員が基礎的知識や最新情報を集め整理することは容易ではありません。そこで，本シリーズでは，2017（平成29）年に告示された新学習指導要領や，今後の教員養成で重要な役割を果たす教職課程コアカリキュラムにも対応した基礎的知識や最新事情を，平易な表現でコンパクトに整理することに心がけました。
　また，各巻は，13章程度の構成とし，大学の授業での活用のしやすさに配慮するとともに，学習者の主体的な学びを促す工夫も加えています。難解で複雑な内容をやさしく解説しながら，教職を学ぶ学習者には格好のシリーズとなっています。同時に，経験豊かな教員にとっても，理論と実践をつなげながら，自身の教育実践を問い直し意味づけていくための視点が多く含まれた読み応えのある内容となっています。
　本シリーズが，教育，学校，教職，そして子どもたちの未来と可能性を信じながら，学校の新たな地平を拓いていこうとする教師にとって，今後の方向性を見定めるマップやコンパスとしての役割を果たしていくことができれば幸いです。

監修　原　　清　治（佛教大学）
春日井敏之（立命館大学）
篠 原 正 典（佛教大学）
森 田 真 樹（立命館大学）

ま え が き

　現在の教育界には，「つなぐ」をキーワードとした課題が山積している。その中でも焦眉の教育的課題として編者が注目するのは，「保幼小における保育や教育をつなぐこと」，「教科の専門性と教科の指導法をつなぐこと」，「教員の養成期と新人期をつなぐこと」，である。

　本書は，こうした課題解決の一助となることを願って編まれたものであり，次の３点を柱としている。

---

① 保幼小連携を音楽科の立場から解説すること。また，平成29年版の「小学校学習指導要領」だけでなく，「幼稚園教育要領」，「幼保連携型認定こども園教育・保育要領」，「保育所保育指針」に示された保幼小連携に関連する事項を抽出し，まとまった資料として提示すること。

②「教科の専門性」と「教科の指導法」の融合をめざし，様々なアイディアをちりばめた音楽科授業づくりの提案に併せて，指揮法，伴奏法，音楽理論の解説も分かりやすく行うこと。

③ 養成期だけではなく新人期の教育にも着目して，教師が困難を克服し成長するためのヒントを提供すること。

　これから教師をめざす学生の皆さんはもちろんのこと，教員養成，教師教育に関係する大学および教育委員会の先生方，あるいは，新学習指導要領に基づいて楽しく充実した音楽科授業をつくりたい，と願っておられる教育現場の先生方，そういった皆様のお役に立つことができれば望外の喜びである。

2018年３月　　　高見　仁志

目 次

まえがき

第1章　歌唱——保幼小連携をめざして ……………………………………… 1

  1　歌うということ …………………………………………………………… 1

  2　歌う準備 …………………………………………………………………… 4

  3　呼吸について ……………………………………………………………… 10

  4　犬に学ぶ発声法 …………………………………………………………… 11

  5　歌唱指導の留意点 ………………………………………………………… 16

第2章　器　　楽 ………………………………………………………………… 22

  1　器楽指導 …………………………………………………………………… 22

  2　楽器を使った授業実践例「アランサンサン」（モロッコのあそびうた）…… 29

第3章　音楽づくり ……………………………………………………………… 34

  1　楽器をつくってみよう …………………………………………………… 34

  2　絵本の場面にあった音楽をつくろう …………………………………… 38

  3　絵かき歌をつくろう ……………………………………………………… 41

第4章　鑑　　賞 ………………………………………………………………… 44

  1　鑑賞指導，3つのポイント ……………………………………………… 44

  2　聴覚を鋭く働かせるための準備的活動 ………………………………… 45

  3　聴き分ける・聴き比べる活動 …………………………………………… 47

  4　何かを思い浮かべて聴く活動 …………………………………………… 48

  5　音楽を形づくっている要素を聴き取る活動 …………………………… 50

  6　鑑賞の幅を広げる活動 …………………………………………………… 51

  7　聴き取ったこと・感じ取ったことを表現させる活動 ………………… 52

目　次

第5章　指　揮　法 … 55

1 指揮棒の持ち方 … 55

2 指揮の基本的テクニック … 56

3 児童への指揮の指導 … 61

第6章　音　楽　理　論 … 65

1 譜表と音名 … 65

2 音符と休符 … 67

3 音　　階 … 70

4 移動ド唱法 … 73

5 音　　程 … 73

6 三　和　音 … 75

7 コード記号 … 77

8 移　　調 … 80

9 音楽用語 … 81

第7章　コード・ネームによる弾き歌い … 84

1 練習の前に … 84

2 コードを使った伴奏法 ①──メロディーを弾かないパターン … 85

3 コードを使った伴奏法 ②──メロディーを弾くパターン … 87

4 低学年の身体表現のためのコード弾き … 89

第8章　絵譜で描く音楽 … 93

1 問題の所在 … 93

2 絵譜の源流をたどる … 94

3 絵譜の比較と活用 … 99

4 絵譜を作成する … 101

5 絵譜の可能性と展望 … 109

iii

第9章　保幼小をつなぐ音楽教育……………………………………113
──保育者・教師の働きかけに着目して

1　保育者・小学校教師の働きかけの基盤 …………………………113

2　保育と音楽科授業の実際 ……………………………………………114

3　連携をめざした働きかけと認識 ……………………………………115

第10章　音楽科における教師の成長……………………………………119
──新人期に着目して

1　新人教師はどのような困難に遭遇しそれを克服しているのか ………119

2　音楽科における教師力アップのためのヒント ……………………126

第11章　共通教材と伴奏譜………………………………………………132

共通教材〔簡易伴奏〕…………………………………………………133

共通教材〔通常伴奏〕…………………………………………………157

資　料

人名索引／事項索引

第1章 歌　　唱
──保幼小連携をめざして

この章で学ぶこと

　"歌う"という行為は，多くの人が日常生活の中で自然に行っている。しかし，よりよい歌唱を目指した指導を行うことは容易ではない。指導者には歌の本質を捉える力や，子どものイメージが広がるような声かけをする力等が要求されるからである。

　本章では，"夢が広がる歌唱指導"を目指して，論を展開する。

1　歌うということ

（1）"歌の力"を理解する

　歌を歌っているときや指導しているとき，ふと不思議な力を感じることがある。歌っているうちに気分がよくなり，活力がみなぎっていくような経験は，誰しも覚えがあるのではないだろうか。また，一緒に歌っている周囲の人や，その歌を聴いている人との距離が縮まったように感じることもあるだろう。歌を共有することで，他者と気持ちが同調し，安心感や充実感が得られるからかもしれない。

　思い出の歌を聴くことによって，当時の記憶がよみがえり，歌がその人の人生を豊かに彩る役目を果たしていることに気づくこともあるだろう。

　このように，歌によって心が動かされた瞬間を経験したとき，人は歌の力が存在することを実感するのかもしれない。

　歌は明治時代，「学制」によって学校制度が整備された際に，まだ教育制度や教育内容が未整備な状況下であるにもかかわらず，「唱歌」として「修身」「読本」「算術」等と並んで取り入れられた。しかし，西洋音楽を模範とした

「唱歌」を教えることのできる指導者は当時の日本にはまだほとんどおらず，授業で歌うための教材もなかったことから，「当分之ヲ欠ク」とされていた。1879（明治12）年に音楽取調掛が設置され，『「東西ニ洋ノ音楽ヲ折衷シテ新曲ヲ作ル事』を大目標に」（木村・淺香，1983，16頁），外国曲をもとに歌詞を書き換え，わが国独自の教材づくりが進んだ。当時は，歌うことに教育的意義を見出して唱歌教育が始まったというより，西洋化を目指して見切り発車で始まったようだ。ただし，歌うことが，人間性の形成に大きく寄与し，社会形成にも影響を与えることだけは，おぼろげながらも見すえた上での方針だったといえるかもしれない。

「唱歌」には日本の美しい故郷や自然を歌ったもの，家族愛や友情，年中行事等を歌ったものが多い。その心は，現在の歌唱の共通教材に受けつがれているものもある。指導者は，子どもたちがそれらの歌を自らの糧とし，生涯にわたり歌う喜びを謳歌してほしいと願うだろう。

これらを踏まえ，学校音楽教育における様々な歌との出会いが，人と人とのつながりを深め，子どもの好奇心や健やかな精神を育むための重要な役割を担っているということを改めて理解しておきたい。

そこで今，歌の力を再確認しながら，子どもたちの歌への欲求を引き出す歌唱指導を追求しよう。

（2）「今は歌いたくない，歌えない」という意志を尊重する

保育園の1歳児クラスで，「じゃあ今からみんなの大好きなおうたを歌いましょうね！」と担任の先生がやさしく声をかけてピアノを少し弾き始めると，まだ十分に話せない子どもたちが両手をパチパチしながら喜びを表現している姿を思い浮かべてみよう。ついさっきまで自由にウロウロ，ゴロゴロしていた子どもたちが，我先にとピアノのそばに集まってきて座り，歌が始まるのを待っているのである。1歳児はまだあまり歌うことはできないが，先生が歌ってくれる「きらきらぼし」に合わせて小さい両手を高く上げ，一生懸命キラキラする子もいるだろう。また，ひざを上下させてノリノリで歌を全身で感受し

ている子もいれば，ジーッと耳をすまして微動だにせず，聴き入っている子ど
ももいるかもしれない。この光景は，好きなように歌を楽しめばよいのだ，と
いうことを物語っているだろう。

　学校教育を受ける前の子どもたちは，このように自然体で音楽に接し，歌は
子どもたちの心を捉えているように見受けられる。幼少期に歌を心地よく，楽
しいものと認識すれば，その後の人生においても歌への愛好心は継続されると
思われる。しなしながら，成長とともに歌うことに対して苦手意識をもち，歌
う楽しさを忘れてしまった子どもたちが少なからずいるのはなぜだろうか。そ
れはその人が受けてきた音楽教育に原因があるのかもしれない。

　例えば音楽教育において，人の意欲を減退させるような強要が行われていた
らどうだろうか。

　学校での授業，または集団行動において，歌いたい，歌いたくないという個
人的な主張や態度は尊重すべきではないという意見もある。しかし筆者は，い
つかは歌えることを見すえた上で，歌うことを強要しないという立場をとりたい。

　　「もし今日歌えない，歌いたくない，という日があったら無理をしなくて
　　いいんだよ。理由も言いたくなければ言わなくていいよ。その代わりもし，
　　みんなの歌を聴いて気分が落ち着いたり，歌いたくなったら，そのときは
　　一緒に歌おうね。」

　指導する前に，必ず筆者が一度だけ言う言葉である。一年間継続して指導す
る場合，初対面で1回きりの指導の場合，いろんなケースがあるが，こう言う
と子どもたちが少しホッとした表情を浮かべているようにみえることもある。
授業だから，集団でやっているときだからやらなければならない，という目に
見えない強制から解かれたとき，子どもたちは，安心して歌い始めるだろう。
歌わない子もなかにはいるかもしれないが，時折観察しながらそっとしておく
べきだろう。

　そのときは歌えないと思っていても，授業の終わる頃には吹っ切れた顔で
歌っていることもある。たとえその日はダメでも，また次の日には元気よく歌
う場合もある。

人には，その日，その曲を歌えない理由があることを慮ることが大切である。とりわけ「パパのうた」「おかあさん」等の家族に関係する歌は，歌う意欲にその子の家庭状況や過去の経験が大きく影響するようである。

　「先生，私これ歌いたくない」とこっそり告げてくることがよくある。「犬のおまわりさん」を元気よく歌っていたとき，突然泣き出し，トイレに駆け込んだ子がいた。びっくりした筆者に仲良しの子が「昨日，〇〇ちゃんの飼ってた犬が死んだんだって……」と教えてくれたことがあった。しばらくして戻ってきたその子に「ごめんね。先生知らなくて」と謝ると，「もう大丈夫！」と気持ちを切り替えて歌う姿にとても頼もしさを感じた。

　他にも，「友だちとケンカして……」「花粉症がひどくて……」など，きりがないほど様々な理由から，人には歌っている場合ではないという状況の中，歌わなければならないときもあるということを，慮ることが必要である。

　子ども自身が正直な自分の気持ちに従えるよう，無理に歌わされる心配を取り除くことで，歌うことは，永遠にその人の人生を彩る有意義な活動にもなり得るだろう。子どもたちに生涯，歌を通して生きる喜びを感じさせたいと願うならば，歌うことを強要せずに，今の子どもの心情を受け止める心の余裕がもてるよう努めたいものである。

2　歌う準備

（1）心の準備

　歌を指導する際，指導者として一番相応しいのはどのような人だろうか。指導する対象にもよるが，子どもが対象の場合は間違いなく，いつも子どもたちのそばにいて見守っている園や学校の先生なのではないだろうか。筆者自身，今までの経験を振り返ると，初対面の人に歌を教わることに抵抗を感じることがあった。指導者の人となりが何となく把握でき，その人に対する不安や猜疑心を取り除くまでは，なかなか心と身体を開放して歌うわけにはいかなかったのである。半面，心を許し，強固な信頼関係で結ばれた指導者のもとでは，と

第1章 歌　唱

もに音楽することで最高の喜びや幸福感を味わい，声も自分が驚くほど出ているような気がしたものである。

　声を発するために必要な楽器は我々の体そのものだが，それをコントロールしているのは我々の心であることを忘れずにいたいものである。そして指導する側がまずしっかり心を開き，自己開示することによって，子どもたちに安心感を与え，この人と一緒に歌ってみよう，この人と歌いたいと思わせることが大切だろう。こうした心のウォーミングアップができたら，次は〈身体の準備〉に移ろう。

　発声指導というと，いろいろと体の使い方や理論を専門的な言葉で説明してしまいがちだ。しかし相手が子どものときは，できるだけ長い説明や専門用語は用いずに，「イメージがわく声かけ」「具体例をあげる」「身近なものになりきる」こと等によって，体の様々な感覚を研ぎ澄ましていけるとよいだろう。心理学者のヴィゴツキーが，模倣は子どもの文化的発達における人間の高次な営みである，と主張しているように（ヴィゴツキー，柴田訳，2005，166頁），子どもは自分とは別のものになりきるのが得意である。その子どもの特性をいかしながら，あるいは，子どもをその気にさせる指導言を用いながら，子どもに魔法をかけていこう。

　子どもに言葉だけで伝えるよりも，指導者が実際に目の前で模範を示すこと，これこそすべての分野の実技指導における最も有効な伝授方法だろう。指導者自身が模範を示す際，たとえ自信がもてない場合でも，自ら子どもたちの前でやってみせる気概が必要である。子どもをその気にさせることさえできると，頭も身体も柔軟な子どもたちから，指導者の手本を上回る素晴らしい成果を得られることもあるだろう。

　指導者が全身で子どもたちの「手本」となり，誰よりも楽し気に，大げさに，やる気を起こさせるよう指導することが何より大切である。そうして子どもたちを楽しい歌の世界へ導くことを心がけよう。

（2）身体の準備

「よい声はよい呼吸から出る。そしてよい呼吸はよい姿勢から生まれる。」このことを念頭において，まずは"よい姿勢"について述べていくことにする。

　歌うときの理想の姿勢を簡潔にいうと，「上半身は軽く・高く」，「下半身でしっかり支えて」ということに尽きる。歌うときに上半身に無駄な力が入っていると，"イキイキとした息（後述）"が体に入ってこないため，自然で伸びやかな声は出ない。歌はよく「下半身で歌う」といわれるように，上半身は力が抜けたダラダラの状態でよいのである。その代わり下半身の丹田と呼ばれる身体の奥深い場所（おへそから5cm程度下辺り）に重心を落とし，そこで支えることで，安定感のある"よい姿勢"が得られる。まずは身体の上から下へ，頭から足に向かって重心を下げることを意識しながら，力を抜いていこう。

●頭部の脱力の指導

> 「みんなの頭には脳みそいっぱい詰まっているから頭とっても重いよね。毎日重い頭を首が一生懸命支えてくれています。今から先生が"そ〜れ"って合図したら，みんなの首が少し支えるのをお休みします。」「"そ〜れ"で首の力抜いてみるよ。"そ〜れ！"」「反対にもそ〜れ！」（①参照）

首を脱力させて右，左，前，後へそれぞれ頭を倒す。

> 「みんなの首と頭，今ブラーンと力が抜けてるよ。頭，重たいでしょ？　そのまま頭の重さを感じながらゆっくり回してみよう。力は使わずに，頭の重さだけでグ〜ルグルと回してね。ゆっくりゆっくりグ〜ルグル。反対〜。ゆっくりゆっくりグ〜ルグル。」（②参照）

第1章 歌　　唱

このとき，力で回すのではなく，脱力した状態で頭部の重さを感じながらゆっくり回せているか確認する。

● 肩の脱力の指導

> 「今日はいいお天気なので，先生がみんなのことをお洗濯して干したいと思います。みなさんは先生のお気に入りのタオルさんです。先生はこんな風にタオルを干すよ。みんなの肩を洗濯ばさみでそ〜れっ，キュッ！」（③参照）

一人の子の両肩を指導者の手でそれぞれ挟んでキュッとつまむと，みんな一斉に肩を上げて干される。ただし，子どもの体の状態を確認して安全を確保しながら（以降も同じ）。

> 「ほら，上手に干せたよ。でも先生の大事なタオルが風で飛んでいかないように，もう少しきつく止めておこう。グ〜〜〜ッ（さらに肩を引っ張り上げるしぐさで）」
> 「あららら，タオルさんたち苦しそう！　ごめんね，じゃあ洗濯ばさみ外すよ〜，パッ」（④参照）

さらに力を込めて挟んでやり，限界まで肩が上がったところでパッと放す。これを2，3回くり返す。

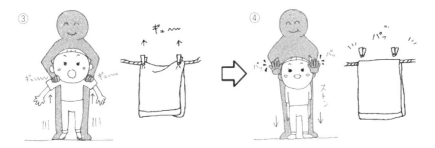

● 腕の脱力の指導

> 「次は右手を前からスーッと真上までゆっくり上げましょう。そこでポトンッと力を抜いてみて！　そ〜れ，ポトンッ。すると右手がブ〜ラブ〜ラしてるよね。勝

手に止まるまでブラブラさせておこう。完全に止まったら右手でさらにあと2,3回同じことを繰り返してください。」(⑤参照)

手が下に落ちて揺れが自然に止まるまで,右手の様子をそのつど観察する。左手も同様に徐々に力を抜いていく。

●上半身の脱力の指導

「今度は先生,タオルの干し方を変えるよ。今度はみんなのおなかの前にスーッと洗濯ひもを張りましょう。先生が"そ〜れっ"と言ったらみんなはおへそから二つ折れでブラ〜ンと干されるよ。そ〜れっ。」(⑥参照)

お腹の前でひもを張る真似をし,合図で勢いよく上半身を脱力させる。

「あ,風が吹いてきたよ。ソヨソヨ〜って気持ちいいね。あらら。どんどん風がきつくなってきたよ。ビュ〜ッ,ビュ〜ッ,ビュ〜ッ。」(⑦参照)

二つ折れの状態で,風に揺られて上下,左右に上半身をゆすりながら力を抜いていき,風が去ったあとはゆっくりと起き上がり,ふっくらタオルの完成。これで上半身の無駄な力が抜けたので,次は下半身で支えるための準備をしていこう。

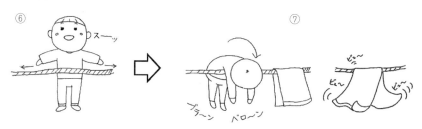

第1章 歌　唱

● 下半身に重心を落とす

> 「さぁ，次にみんなは一本のほうきになったよ。ほうきの毛が一本飛び出てるので，先生，それをつまんでみよう。そ〜れ，ヒョイ！」（⑧参照）
> 「そしてブ〜ラブ〜ラしてみます！」（⑨参照）

　飛び出た毛をつまむことによって，子どもたちの脱力した身体が上から吊されたようにまっすぐピンと伸びる。そしてそのままブラブラ揺すると，自分の身体の重み（重心）をより感じることができるだろう。

> 「今度はそのまま上向きのほうきを先生の指先にストンとのせてみます。みんなは上手に先生の指先でバランスを取りながら，まっすぐ立っていますね。先生，ちょっとみんなをゆすってみようかな〜。」（ユラユラさせる。）（⑩参照）
> 「じゃあ次はいち，にのさ〜んでみんなをポ〜ンと高く放りあげて，また指先でキャッチするよ。いくよ〜。いち，にのさ〜〜〜ん！」（⑪参照）

　指導者の指先にストンと全体重を預けてのっている状態のほうきをイメージさせる。ほうきになりきっている子どもたちは，たとえゆすったり，放り上げたりしても体幹がグニャグニャしたり，膝を大きく曲げたりすることもなく，スーッと跳ね上がり，ストンッとまっすぐ指先に着地することだろう。これで丹田（ほうきのイメージでは足の裏）で重心がしっかり支えられた姿勢が完成したことになる。

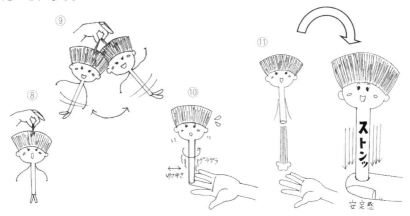

9

3 呼吸について

（1）"イキイキとした息" とは？

　歌う際の呼吸は，無意識に行っている平常時の呼吸とは別物だと考えた方がよい。"イキイキとした息" が上手にとれれば，"イキイキとした声" が出る。歌にふさわしい "よい息" をとるには，子どもたちが匂いをかいでみたいと思うようなものや情景を想像させてみるとよいだろう。ホカホカの焼き芋，焼きたてのカップケーキ，お母さんのにおい，森の中のきれいな空気，かぐわしい花……。

> 　「"世界に一輪しか咲かない幻の花" があなたの目の前に咲いています。この花は今まであなたがかいだことのないような，すばらしい香りをしています。この香りを一度かぐと，人は最高の気分になって，幸福感に満たされます。そしてこの香りが忘れられなくなり，もっともっとかぎたくなるのです。さぁ，みんなでそ〜っと幻の花を摘んで，この未知の香りを楽しんでみましょう！」（①参照）

　先生がまず摘んでみせると，子どもたちもきっと摘み始めるだろう。幻の花が見えない子には先生の花をプレゼントしよう。そして「さぁ，みんなで吸ってみよう」と促すと，きっとうっとりした顔で息を吸う姿がみられるだろう。リラックスしていて，やさしい息が体の奥深くまでじんわり入っていることが体感できる。

　吸った息が「ハァ〜」という，ため息のようになってあふれ出ていたら完璧である。そうなると次のステップへ。

> 　「あ，大変！　みんなに言い忘れていたけど，この花の匂いは摘んだ途端にどんどん消えていくの。あ，もう消えちゃいそう！　みんな，最後の匂いを大急ぎでいっぱいクンクンして!!」（②参照）

　こう声をかけると，すばやい息の出し入れによって，子どもたちの横隔膜が活発に動き出すだろう。発声は，この横隔膜を上手に使うことがポイントであ

第1章 歌　唱

る。よく「お腹から声を出す」というが，これは「横隔膜を使って声を出す」ということである。

　　　4　　犬に学ぶ発声法

（1）犬の鳴き声

　ここでは子どもたちと犬のイメージを共有しながら，犬の呼吸と発声を実践してみよう。

　「犬はどんな風に鳴きますか？」と質問すると，多くの場合「ワン！」という答えが返ってくる。そこですかさず，「本当？　本当にあなたの知っている犬はワンっていうの」と聞き直すと，もう一度考えて「ヴォウッ！」のような，今度は少しリアルな犬の鳴き声を再現する。

　先述の花の匂いをかいだときに，体にイキイキとした息が出入りしただろう。その呼吸をリズミカルにし続けながら口を開けてみると，まるで走った後の犬の呼吸のように，「ハッハッ」と横隔膜が激しく上下するのが感じられるだろう。

　そこで次のように問いかけよう。

> 「お腹のトランポリン（横隔膜）がハッハッするたびに息で弾んでいるのがわかるかな？　そのトランポリンでいつも息がピョンピョンジャンプしていると，犬みたいに大きくて遠くまで響くいい声が出るよ。一度みんなで吠えてみよう！ 1・2・☆▽※●□!!!」(①参照)

11

　ここで子どもたちが「ワン」と言ってしまうと，すかさず「犬はワンとはしゃべりません。犬は☆▽※●□！と吠えているだけです。」と実演し，子どもたちを驚かせてみよう。犬は吠えることしかできないが，その声の出し方は体全体を振動させて息で横隔膜をアタックし，体とその周辺の空気をも振動させているので，その声は遠くまでよく通り，響き渡るのである。人間は普段のどを器用に使ってしゃべるので，発声のために体や息をたっぷりと使う必要はないが，そのしゃべり声はあまり響きもなく，声に伸びもない。この唯一人間にだけ与えられた能力"しゃべること"を少し忘れて吠えてみると，自分の知らないびっくりするような声が出てくるだろう。

　子どもと一緒に「ワン」としゃべるのではなくて，いかにリアルに吠えることができるか，挑戦してみよう。

（2）ワンワン発声

　子どもたちは一度犬になりきってしまえば体と息をいっぱい使いながら吠え

※「ワン」「バウ」のように明確に表記できない犬のリアルな鳴き声を「吠ッ」と示した。
　自由な音声でスタッカートで吠えてみよう。

第1章 歌　唱

てくれるが，ただひたすらに吠えるのではなく，威嚇の声，甘えた声，遠吠え
など，いろんな声をイメージして挑戦してみることも楽しい。また，大型犬，
中型犬，小型犬と，イメージする犬の身体の大きさを変えると，声の印象や高
さが変化する様子もみられるだろう。

　ここでは"ワンワン発声"と名付けた方法で，イメージする犬の身体の大き
さと音高とを関連づけながら，低音から高音に向かってスタッカートで導いて
いく発声練習をご紹介しよう。これにより，音高に合わせて上手に吠えること
ができるようになるだろう。

（3）ドラマティックあえいおう

　ただ吠えているだけでは歌にはならないので，ここからはまず日本語の5つ
の母音「あ」「い」「う」「え」「お」を練習しよう。吠えていたときはよい声が
出ていても，いざ言葉を発するとなると，やはり人間はいつもの癖で，のどを
使ってしゃべってしまいがちである。しかし人はとても驚いたとき，思いきり
笑ったときなど，とっさに声が出たような場合には，お腹の底からたっぷりの
息を使った"よい声"が出ていることがよくある。そのため，いちいち驚きな
がらしっかり体と息と表情を使って声を発する練習を考えた。

　"ドラマティックあえいおう"というこの方法は，ドラマティックにやれば
やるほど効果があがるので，子どもたちが「あっ！」と驚くストーリーをいろ
いろ考えて実践してみよう。

　ではみなさんが「あっ！」と思うことや状況はどんなときか，想像してみよ
う。筆者の場合，ユーフォーをみつけたときだろうか。空に浮かんでいるユー
フォーを指さして「あっ！」。そうすると「あっ！」と声が変わるだろう。

　"ドラマテックあえいおう"

　「あっ！ユーフォー！」
　空に浮かんだユーフォーをみつけたその瞬間，ユーフォーはすごい速さで飛び去っ
　た！それをみてみんなは

「えーーーーーっ!?」と,ユーフォーの飛び去った方向を指さす。

すると何を思ったのか,飛び去ったユーフォーが急にクルッと方向転換し,またあなたの前まで戻ってきたのである。それをみたみんなは

「い〜〜〜〜〜〜っ!」とまたユーフォーの動きに合わせて指さす。

そしてユーフォーから宇宙人が降りてきて,あなたに宇宙旅行の招待券をプレゼント。それをみたみんなは

「おっ!」「くれるの!?」と驚き,嬉しさのあまり「やったね!」

「ウッ!」と喜んだのである。

このとき,自分ののどからとても遠いところ,常に前に伸ばした指先に声が(「あ」が)あると意識しよう。声の進む先を定め,指先から声が出ているつもりで発声すると,のどを詰めることもなく,声が体の外に飛び出したような感覚を味わうことができる。のどから離れたその声は,前へ進む力と生命力を宿した声になっているだろう。(⑤参照)

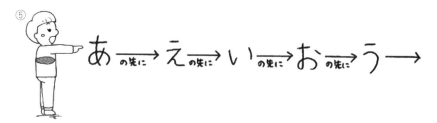

(4) 声は歩く

"ドラマティックあえいおう"でイキイキした「あ」「え」「い」「お」「う」がマスターできれば,今度は楽譜⑥のように音をつけて,母音をしっかり伸ばす練習をしてみよう。その際,⑤のように指をさしながらひとつひとつの母音ごとにどんどん声を遠くに進ませるイメージで発声すると,前に進もうとする,例えるなら"意志をもった声"へと生まれ変わり,その声はひとりでに歩き出したかのように前方へ伸びていく。

⑥

　みなさんは今までに声を歩かせたことがあるだろうか？　きっと"声を歩かせる"といったことを，普段あまり意識していないと思うが，声は歌い手が意識すれば，歩き始めたかのように進み出すのである。たとえば「あ」でロングトーンの練習をするとしよう。何も意識せずにただ声を伸ばすよう子どもたちに指示すると，"気をつけ"状態でピクリとも動かない「あ」になる。

　では今度は「『あ』に足が生えて，その『あ』が先生のところまでトコトコ歩いてくるように，指をさして『あーーー →』と伸ばしてみよう」，と声をかけよう。歌を歌うときは大抵，直立で歌う場合が多いので，実際に指をさして「あーーー →」と声を出して歩きながら，声が歩く感覚を体感するのも有効である。そう意識するだけで，声が自ら進もうとするエネルギーを有した伸びのある声が生まれる。たとえ声や思いを届けたい相手が遠くにいようと，あるいは大人数だとしても，この生命力のある声によって発せられた言葉は，人の心をうち，人を感動させることだろう。

　声をただ発するのではなく，その声がどこに向かえばよいのか，目標をはっきり設定すること，つまり，その歌はだれが受け止めてくれるのか，誰のために歌うのかを示すことで，子どもの声は，ぐんぐんと方向性を帯びて力強く伸びていく。

　その日調子が悪くて歌えない子や歌いたくない子にも，歌を受け止める役目を与えることで，歌うことを強要することなく居場所を設けることができる。クラスの子どもたちは「○○ちゃんのところに声を届けよう」と歌うことで，心の込もった，そして何より受け止めてもらった満足感を味わうことができることだろう。自分のために歌ってくれた歌を受け止めることによって，○○

ちゃんは励まされたり，元気を取り戻したりするにちがいない。

　指導者にとって，ピアノ伴奏を弾きながら子どもの演奏をしっかり捉えて，具体的にほめたりコメントしたりすることは至難の業ともいえるだろう。しかしながら子どもたちにとって，"歌いっぱなしの歌"ほど悲しいものはない。子どもたちの歌をいつもしっかり受け止めようとする姿勢を心がけたい。

5 歌唱指導の留意点

　ここでは歌唱指導についての留意点を考える。歌うという行為に対しての指導は，デリケートに行うべきだと考えている。先述のとおり，歌声には，歌う本人の意欲や心情が多分に反映されることもある。もしその歌声に対する否定的なコメントをした場合，まるで自分自身を否定されたような気分になることも予測されよう。指導者が，歌に対する恐怖心や苦手意識を与えることで，心に傷をつけてしまうことは避けるべきである。実際に歌うことがあまり好きではない方々には，周囲の人からオンチと言われた経験や，音楽の授業で辛い経験をしている場合も多くある。すべての子どもたちが生涯音楽を愛好し，歌うことで豊かな人生を謳歌できるようにするためにも，大切にしたい事項をあげる。

（1）調子外れの子どもへの指導

　いわゆるオンチと俗語でいわれる，音高，調子の外れやすい傾向の子どもに対し，指導者が一度オンチという言葉を用いてそのレッテルを貼ると，その子どもは「自分はオンチなんだ」という呪縛からなかなか抜け出せなくなる。子どもが自ら周囲と音高のズレや違和感を感じるのと，他者，それも指導者から「あなたはオンチだ」と宣告されるのとでは，心のダメージがまったく異なる。「自分はオンチかもしれない」と臆病になる子に「そんなことないよ。一緒に練習しよう！」と勇気づけるのが指導者の役目だろう。

　調子外れの子どもに対し，どう指導したらよいのかわからなかったり，指摘

することでその子を傷つけてしまったりするのでは，との配慮から，明らかに
音高が外れていても長年の間そっとしておかれた結果，大人になっても自分の
声の現状を把握できずに，何か歌いづらさを感じている方も多くみられる。音
程・音高のとれない子を放置するのは優しさでも配慮でもない。その子の声を
よく聴き，どこに原因があるのか突き止め，その子がわかるように指導を工夫
することに努めることが，指導者の役目ではないだろうか。

　そこで肝心なのは，その子を恥ずかしい目に合わせない教室のあたたかい雰
囲気づくりである。たとえ失敗しても怖くない，上手にできたらほめてもらえ
る，そんな学級集団づくりに全精力を注ぎたい。一人に対して集中指導をする
のではなく，音楽遊びも取り入れて，音程・音高感覚を養う指導を毎回の授業
で行いたい。それによって，子どもたちの音程・音高認識能力を高め，自信を
もって子どもたちが歌えるように導きたいものである。

（2）選　　曲

　最近の子どもたちが触れる音楽は多様化しており，子どもたちは様々なジャ
ンルの音楽を柔軟に受け入れているように見受けられる。子どもにふさわしい
音楽については，一言で言い表せるものではなく，それぞれの人が好む音楽の
趣向は，その人の個性として尊重されるべきである。しかしそれは，子どもに
どんな曲を与えてもいいのだ，ということではない。歌唱指導において最も慎
重に行うべき項目として教材選び，いわゆる選曲があげられる。

　音楽科では，共通教材を除くと，子どもたちの力量，ニーズ，興味等を反映
し，教材を自由に選択することも可能である。そこで気をつけたいことは，子
どもの現状に合致した教材を選ぶことである。しかし，指導者自身が好きでも
なく，良さに共感できないような曲を選曲し，表面的な指導をくり返すことは
避けたい。原則として，子どもたちとその曲の美しさや楽しさ，さらにその曲
に込められたメッセージを共有したいと願う曲を選ぶことは忘れてはいけない。

（3）3年生共通教材「春の小川」を題材にした指導例

　ここでは小学3年生の共通教材である「春の小川」を題材に，本作品にみられる指導ポイントをあげてみよう。

　本曲では"子どもの歌によくみられる特徴"が2つ含まれている。まず1つ目は，音や声を象徴的に表す擬音語，様子や状態を象徴的に表す擬態語をひとくくりにした「オノマトペ」である。子どもの発語は，「ワンワン」「ブーブー」などの音に関する乳児語で始まることが多く，小学生たちの日常会話にも，「バァーン！」「ガンガン！」「ピューッ！」などが常に飛び交っている。唱歌や童謡をはじめ，子どものための歌にはこの特性が色濃く反映されているといってもよいだろう。オノマトペは，そのニュアンスが子どもにとって感受しやすく，イメージが広がりやすいため，歌のなかにそれをみつけては，その言葉を「いかにそれらしく」歌うかを工夫することによって，細やかで味わいのある表現がみられるだろう。原曲では春の小川が"サラサラ"流れているが（譜例①），少し音を変えて"ドロドロ"，"ちょろちょろ"，"ザーザー"流してみるのもおもしろいだろう。いろいろ表現を変えて歌ってみると，本当の"サラサラ"流れる音がみつかるのではないだろうか。

譜例①　「春の小川」（作詞：高野辰之／作曲：岡野貞一）　1－4小節

　2つ目の特徴としては言葉のくり返しが多いということである。これは子どもの歌に限らず，一般的に強調したい言葉やサビが何度でもくり返される歌というのは非常に多くあるが，子どもにとってはこのくり返しがある種特別な意味合いを帯びているのである。

　子どもは絵本，音楽，遊び，言葉など，気に入ったものがあれば，「もう一回！」と飽きずに何度でもくり返すことを要求する。どんどん新たなものを与えるよりも，自分がすでに知っているという安心感のなかで，何度でもその心

地よさやおもしろさに浸り，お気に入りのフレーズやお決まりのセリフが巡ってくると，待ってましたといわんばかりに目を輝かせ，その箇所だけ参戦してくる場面もよくみられる。自分の気の済むまで，何度でも楽しめるのが子どもである。

　また，子どもは伝えたいことがあれば，何度でも同じことを言葉を重ねてくり返し，驚きと感動を臨場感たっぷりに伝える。本曲でも，冬枯れの風景が一変し，様々な花があちらこちらに咲き，生命みなぎる春の到来に喜ぶ様が，「さけよ，さけよと」とくり返されることからも感じられるだろう（譜例②）。二回目の「さけよと」は音の跳躍も一回目より大きく，また，曲の最高音である二点ハ音を含んでいることからも，このくり返しを，決してただの惰性として２回歌うことにならないよう，２回くり返されるところに意味を感じて歌うことが大きなポイントである。

譜例②　「春の小川」13 - 14 小節

　子どもの特性を理解した上で，普段子どもがよく歌っているような曲を眺めてみると，やはりこの２つの特徴が顕著に表れていることに気づくだろう。この２点を心にとめて歌唱指導に生かすだけで，ややもすると単調に歌いがちな子どもの歌が，立体的で，繊細で，表現豊かになるだろう。

　さらに９―12小節では「姿やさしく，色うつくしく」とあるので，一度指導者に注目を集めてみてはどうだろうか。そして"やさしく"と"うつくしく"の言葉のニュアンスや色合いの機微を表現できるような，先生の"優しい"顔と"美しい"表情やポーズで，表現を引き出してみよう。そうすることによっ

譜例③　「春の小川」9 - 12 小節

て，子どもは言葉の意味を理解し，楽しみながら歌声に反映させることだろう。

本曲はすべて四分音符のみで作曲されており，リズムの側面から考えると単調で緩急がないため，子どもたちはどちらかといえば淡々と，拍を刻んで歌ってしまう傾向にある。そのような場合は「あれ？まだ小川の水，凍っているのかな？みんなは小川の上流で，先生は一番下流の海だからね！先生の方に向かってどんどん流れておいで。みんなの小川と声が先生のところにどんどん流れて大きく，太く集まってくるのを，全部受け止めるからね。」と声をかけてみよう。これは，子どもの歌を受け止める役を先生が担うということである。流れ着く先，歌いかける相手をみつけた子どもたちの歌は，もう凍っているどころか，方向性と躍動感を帯び，春の日差しによって少し温められた美しい声となり，まさに春の小川となってあふれ出すことだろう。

歌唱指導では，指導者の内からあふれる具体的な言葉による語りかけやしぐさ等によって，子どもたちに秘められた表現を引き出し，その感性を受け入れ，楽しむ心の余裕をもつことこそが，我々が目指すべき"夢が広がる歌唱指導"なのではないだろうか。

引用文献
木村信之・淺香淳編（1983）『音楽教育の歴史』音楽之友社。
ヴィゴツキー著／柴田義松訳（2005）『文化的‐歴史的精神発達の理論』学文社。

第1章 歌　唱

> **学習の課題**
>
> ⑴　あなたの好きな歌や歌手について，具体的に曲名やアーティスト名をあげ，その歌，そのアーティストのどこに魅力を感じるのかを発表し，他者と歌の素晴らしさを共有しよう。また，あなたの心に残っている歌を手がかりに，これまでの人生と歌との関わりについて振り返ってみよう。
>
> ⑵　あなたは子どもにどのような声で歌ってほしいと願うか，あるいはあなた自身が理想とする声はどのような声か，イメージをふくらませよう。イメージした声に近づくよう子どもたちを導くには，どのような教材を選び，どのような声かけや指導が必要か構想を練ってみよう。
>
> ⑶　犬をよく観察してみよう。そして犬から発声を学ぼう。

【さらに学びたい人のための図書】

寺尾正編（2017）『聴き合う耳と響き合う声を育てる合唱指導　ポリフォニーで鍛える！』音楽之友社。
　　⇨すぐにでも授業で使える，わらべうたを教材とした DVD 付きの歌の指導書である。歌唱技術を高め，耳と声を育てるための具体的な指導法が掲載されている。
小畑千尋（2015）『オンチは誰がつくるのか　オンチ克服への第一歩』パブラボ。
　　⇨オンチという状態やその原因を詳しく解説し，オンチを克服するための様々な練習法や，指導の実践例が掲載されている。

（臼井奈緒）

第2章 器　楽

この章で学ぶこと

この章では，器楽指導のための留意事項を確認し，楽器の奏法と活用法について基本的な知識と技能を習得することをねらいとしている。楽器の奏法別に「打つ」「ふる」「こする」「ふく」の4種類に分けて特性を示し，基本的な演奏方法を紹介する。楽器の音色や特性を生かしながら，子どもの発達段階等に合わせた楽器の選択を適切に行い，楽しみながら演奏ができるように指導していくことを目指す。

1 器 楽 指 導

（1）器楽演奏・合奏の意義

子どもは生来，音の鳴る道具が好きである。音が鳴るとわかれば，鳴らしてみたい衝動に駆られるのは自然な欲求であり，これこそが楽器を演奏することへの興味・関心，意欲の源泉であるといえよう。自分の好みの楽器や音探し，奏法による音の変化を探求する時間等を，音へのこだわりを育む大切な段階であると認識し，子どもたちの感性を豊かに育む器楽活動を展開したいものである。

器楽演奏では，個人で演奏する場合と，他者と合奏する場合がある。これら独奏，合奏それぞれに，特有の醍醐味や教育的意義があるだろう。音楽科授業では，おおむね集団で演奏する機会が多く，様々な音色やリズム等を組み合わせた合奏が可能となる。

合奏のねらいのひとつとしては，みんなで合わせることによって，全体の中の自分の役割を知り，目標に向かって協力して音楽をつくり上げていく喜びを

第2章 器　楽

味わわせることがあげられる。子どもの音楽的成長を促す合奏を行うには，子どもの年齢，能力に合った曲選びや楽器編成，編曲を行うことが重要である。

合奏の導入としては，楽器に触れる前に次の指導をしたい。合奏しようとする曲に歌がついている場合は，歌を歌えるようにしておくとよいだろう。また，歌のついていない曲でも，その曲に合わせて歩いたり，手を打ったり，踊ったりと，体で音楽を感じ，その曲に親しんでおくと合奏にスムーズに移行できる。

指導者は，子どもが楽器を手にした瞬間に音を鳴らすことを見越して，子どもの欲求を阻害しない指導手順も確認しておくべきである。楽器に親しみ，意欲的に演奏するためには，まず楽器の扱い方や特徴を知り，楽器を大切に扱い，正しい奏法で美しい音を求める姿勢を身につける必要がある。その上で，子どもたちが楽器を自由に手にとって演奏したり，友だちと合わせたりできるような環境構成をしておくと，子どもたちの自発的な音楽活動や自由な即興演奏を誘発するだろう。

また，音を出すときとそうでないときの区別をはっきりさせるための約束事等を決めておくことも効果的である。例をあげると，四分休符「♩」・全休符「▬」などの休符カードを指導者が掲げ「シーーー」の合図で，音出しをやめて先生の話を聞く，指導者が大きな声で「鳴らしま！」と言うと，子どもたちが「せん！」と続けて，音出しをサッとやめる，など，最初にこれらの決まりを伝えておくと，指導者が何度も声を張り上げて静かにさせる努力は必要なくなるに違いない。「音を出すとき」「静かに聴くとき」のメリハリをつけることで，子どもたちは存分に音と戯れ，さらにはお互いに注意し合い，声をかけ合って，指導者の声や他者の音に耳を傾けることができるようにもなるだろう。

他者の演奏を聴きながら自ら担当する楽器のパートを演奏することで，音の重なる感動と協働する楽しさを味わえることが，合奏の醍醐味だろう。仲間と息を合わせて合奏していると，一人では決して演奏することのできない壮大な音楽を奏でているような，あるいはまるでオーケストラの一員にでもなったかのような高揚感や充実感，そして仲間との一体感も感じられよう。楽しい演奏体験を通して子どもの豊かな感性を育みたい。

（2）楽器の分類

　小学校で使う主な楽器の特徴と奏法を紹介する。演奏法別に，分類した楽器は以下のとおりである。

　　●打つ楽器
　①　タンブリン（＝ふる楽器）　　④　ウッドブロック　　⑦　トライアングル
　②　大太鼓　　　　　　　　　　⑤　シンバル　　　　　⑧　木琴
　③　小太鼓　　　　　　　　　　⑥　カスタネット　　　⑨　鉄琴
　　●ふる楽器　　　　　　　　　●こする楽器　　　　　●ふく楽器
　⑩　鈴　　　　　　　　　　　　⑫　ギロ　　　　　　　⑬　リコーダー
　⑪　マラカス　　　　　　　　　　　　　　　　　　　　⑭　鍵盤ハーモニカ

① タンブリン

　皮や合成物質で張った膜と，多くの場合側面に2枚1組のシンバル状の小さな鈴がついている楽器。

〈奏　法〉

　手で鼓面を打って音を出す。手のひら，指先，爪の部分などで，打つ場所を変えることや，水平，または垂直に構えることで音色や響きも変わる。側面についている鈴をふって音を鳴らすこともできる。鼓面を打つことで鈴もゆれ，同時に2つの音が出せる。

※側面に穴の空いているところがあるが，指を入れるためのものではない。

　丸い穴の空いている部分の鼓面の縁に親指を置き，残りの指で枠を握る。

② 大太鼓

　楽曲全体の拍をとることが多い楽器。低音の楽器が少ない子どもの器楽合奏の場合は，低音を支える役目として有効。皮の張り方は，胴についている金属のしめネジを調節する。

〈奏　法〉

　ばち（マレット）の真ん中よりやや下のあたりを持ち，小さい動きで手首のスナップを効かせるようにして打つ。打つ場所は打ちながら探すことが多いが，小さい子どもの場合は中心部を打つのが適当。

③　小太鼓

　通常ばち（スティック）を持って打つ。裏面に響き線が張られ，歯切れのよい音が出る。

〈奏　法（マッチドグリップ）〉

　ばちは両手の真ん中よりやや下のあたりを持つ。親指と人差し指で持ち，他の指は軽く添える程度で，八の字に構える。手首のスナップを効かせて打つ。小さい子どもの場合は中心部を打つのが適当。上部側面のリムといわれる部分を打つこともある。小刻みに打つことによって音を持続させるロール奏法もある。

④　ウッドブロック

　長方形の堅い角材で，長辺にそってくり抜かれたものや，右図のように丸い筒状のものを2個まっすぐにつないだ形のものもある。

〈奏　法〉

　利き手にばちを持ち，もう一方の手で楽器を持って構え，打つことによって音を出す。

⑤　シンバル

　ふつうは2枚の鋼鉄製の円盤を打ち合わせて音を出すが，小太鼓や木琴のばちでシンバルの縁を打つこともある。

〈奏　法〉
　持ち手に左右両方の手を通し，あるいは持ち手をにぎるように持ち，胸の高さで演奏する。そのまま打ち合わせたり，こするように合わせたり，小刻みに合わせたりと演奏方法はいろいろである。音の余韻を止めるときはシンバルの端を胸にあてる。

⑥　カスタネット
　手のひらにおさまるぐらいの皿状の堅木を2枚合わせた楽器。教育用として赤と青の木製のものが有名。
〈奏　法〉
　突起がついた赤を下に青を上にして，ゴムひもを利き手ではない方の人差し指，または中指に通し，手のひらにのせる形で持つ。手のひら，指先など打ち方を変えることで音に変化をつけることができる。

⑦　トライアングル
　三角形に曲げられた鋼鉄の棒状の楽器。
〈奏　法〉
　ひもをつけて利き手ではない方で吊すように持ち，もう一方の手で鋼鉄の棒のばち（ビーター）を持って打つ。指で触れて振動を止めたり，打つ位置を変えたりして音に変化をつけることができる。また，コーナーの部分を振るようにして打つ奏法もある。

⑧　木琴
　調律された木製の音板をもつ打楽器の総称。一般的な木琴（シロフォン）には低音の音板の下に共鳴管がついており，木琴の一種のマリンバには，すべて

第2章　器　楽

の音板の下に共鳴管がついている。調律の方法と音色が違う。

〈奏　法〉

ばち（マレット）で打って演奏する。ばちは、真ん中よりやや下を親指と人差し指で持ち、他の指は軽く添える程度で八の字に構える。音板の上を滑らせて音を出す方法もある（グリッサンド奏法）。ばちの頭の部分の硬さや素材によって音が変わるので、曲に合わせて選ぶとよい。

⑨　鉄琴

調律された鋼鉄製の音板をもつ打楽器の総称。鉄琴の種類にはメタロフォン、グロッケンシュピール、ヴィブラフォンなどがある。ヴィブラフォンには電動式のファンがついており、ペダルを踏むとビブラートがかけられる。

〈奏　法〉

⑧の木琴と同じ。

⑩　鈴

割れ目のある金属製の空洞体が丸い輪や棒状の持ち手にいくつかついている楽器。

〈奏　法〉

持ち手の部分を握り、握っている方の手首を反対の手のこぶしで軽く打ったり、鈴を持っている手の手首をねじるようにふったりして、音を出す。

⑪ マラカス

元来は乾燥したヤシ科のマラカの実の殻に豆やビーズを入れ，ふって音を出す楽器。木製のものや，プラスチック製のものもあり，手作りもしやすい楽器である。

〈奏　法〉

手の平を下向けて柄を握り，中の粒がそろって落ちるようにふること。手作りする場合は，ふり方や中身の素材や量によって音が変わるので，好みの音を探求するとよいだろう。

⑫ ギロ

木製や金属製のひょうたんのような形で，表面にギザギザの刻みがついている楽器。

〈奏　法〉

利き手で棒を持ち，もう一方の手の指を穴に入れて持つ，または下から包むように持つなど，楽器によって様々な持ち方がある。ギザギザの部分をこすって音を出す。

⑬ リコーダー

リコーダーにはソプラニーノからコントラバスまで数種類あるが，ここではソプラノリコーダーをとりあげる。息を吹き入れて音を出す木管楽器。吹き口（歌口）のある頭部管，中部管，足部管の3つの部分で構成されている。バロック（イギリス）式とジャーマン（ドイツ）式の2種類があり，若干運指が違う。

〈奏　法〉

左手を上に，右手を下にして，8本の指を使って演奏す

る。下唇と右手の親指で支えて持つ。指の腹で穴をふさぎ，いろいろな音を出す。二点ホより高い音では左手の親指はほんの少し開けて吹く（サミング）。姿勢を正し，腹式呼吸で平均した息の強さで吹く。上歯の裏に舌をつけて離す瞬間 tu－と息を出す舌づかい（タンギング）をすることにより，しっかりした音が出る。

⑭ 鍵盤ハーモニカ

　息を吹き入れて演奏する鍵盤楽器。座奏と立奏に適した２種類の吹き口がある。

〈奏　法〉

　専用の吹き口（ホース，歌口）から楽器の本体に息を吹き入れ，利き手の指で鍵盤を操作して演奏する。吹き方はリコーダーと同じく，タンギングで吹く。息つぎはフレーズごとに行う。演奏にあたり，指の形や姿勢，息つぎ等の指導が必要である。

2　楽器を使った授業実践例「アランサンサン」
（モロッコのあそびうた）

（1）不思議な魅力の「アランサンサン」

　「アーランサンサン，アーランサンサン，グリグリグリグリグリランサンサン」というおもしろい歌詞と動きをともなった，異国情緒あふれるリズム遊びをご紹介しよう。楽器を使用しなくても，膝をたたいたり，かいぐりしたり，ひれ伏したりしながら，全身でリズムを感じることのできるあそびうたである。ひとつのグループが楽譜（32頁）の一段目の★印まで歌い，別グループが最初から追いかけるように歌うことによって輪唱となり，美しいハーモニーが生まれるところも，この曲を演奏する楽しさのひとつだろう。また，演奏する度に「次はとってもゆっくりと」，「次は少し速く！」，「今度は大きな声で速く!!」「次はもっともっと速く大きく!!!」と指導者が巧みに声をかけることで，さら

に子どもたちを夢中にさせるにちがいない。国の言語の枠を越えたグローバルなリズム遊びをとおして，世界中の子どもたちと仲良く遊べる可能性も視野に入れたい。

以下に実践におけるねらいの例を示す。
- 外国のあそびうたに親しみ，手遊びやかけ合いを加えたり，速度，音量を変化させたりすることによって，様々な演奏バリエーションを楽しむ。
- 楽器特有の音色やその重なりを感じながら，他者と気持ちを合わせて演奏を楽しむ。

(2) 手遊び編

まずは小さな子どもでも簡単にできる手遊びと歌をマスターしよう。
ここでは第8章で登場する「絵譜」の手法を用いて，動きと旋律を紹介する。

アランサンサン

アー ラン サン サン　アー ラン サン サン　グリ グリ グリ グリ グリ　ラン サン サン

アー ラー ビ　アー ラー ビ　グリ グリ グリ グリ グリ　ラン サン サン

アー ラー ビ　アー ラー ビ　グリ グリ グリ グリ グリ　ラン サン サン

※　一段目は2回繰り返す

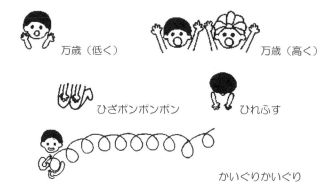

(3) 合奏編

　ここではソプラノリコーダー，タンブリン，トライアングル，カスタネット，マラカスを用いて合奏してみよう。北アフリカの乾いた大地をイメージすると，カスタネットやマラカス，ギロ，ジャンベなどの楽器の音色もよく本曲と合うだろう。さらに手拍子やボディーパーカッション，手作り楽器等を組み合わせて，楽器の種類や担当するパートを変えながら，グループごとに自分たちで好みの「アランサンサン」を作る活動につなげていくと，音楽のおもしろさを追求していく姿勢が生まれるに違いない。

　また，歌や動きと組み合わせる，あるいは演奏バリエーションや，既存の手遊び以外の動きをグループで創作することによって，器楽合奏の領域にとどまらず，創作活動としても広がりをみせることも期待できよう。その場合は，演奏をくり返す回数のみ指定し（3～5回程度），あとは子どもたちの好きなようにアレンジさせ，互いに発表させたい。そうすることで，子どもたちはそれぞれのグループの表現の工夫を認め合い，ひとつの題材で様々な演奏の可能性と，表現の多様性を体感できるだろう。

アランサンサン

モロッコのあそびうた
臼井 奈緒 編曲

第2章 器　楽

参考文献・資料

ウルリヒ・ミヒョルス（編著）（1989）『カラー図解音楽事典』白水社。

宮野モモ子・中山由美（監修）（2002）『小学校音楽科教科書教材集日本の音楽世界の
　音楽（CD）』日本コロムビア。

────────────
（**学習の課題**）

(1)　楽器の基本的な演奏方法や手入れの方法を習得し，子どもたちがよい状態の楽
　器で演奏ができるように準備しておこう。

(2)　楽曲に合わせた楽器の活用法をいろいろ試すことにより，音楽的な効果を比べ，
　演奏の幅を広げることができるよう工夫しよう。

【さらに学びたい人のための図書】

平島勉（1999）『飛行船の旅』トヤマ出版。

　　⇨リコーダーの導入期から演奏でき，他の楽器と合奏しやすい魅力的な曲が多数
　　　収録されている。

（臼井奈緒）

第3章　音楽づくり

この章で学ぶこと

　音楽づくりの活動では、様々なスタイルの実践を目にすることができる。その中でも本章では、手づくり楽器による音楽づくりと、絵本に音楽をつける活動、絵描き歌をつくる活動を紹介する。

　オリジナルな手づくり楽器に興味を示す子どもは多い。手づくりの楽器と一口にいっても、その種類は様々見られるが、本章では、教師を目指す大学生の作品を紹介しながら、楽器づくりのヒントや遊び方を紹介する。

　また、絵本の中に展開される、具体的な場面に応じた音楽を選んだり作曲したりする活動も紹介する。子どもの創造力を伸長させるための指導法について学びを深めたい。

　さらには、絵描き歌の例を紹介し、オリジナル作品をつくる活動を中心とした指導法を紹介する。

1　楽器をつくってみよう

(1) 音の出るおもちゃ

　楽器というよりは、音の出るおもちゃといった方がよいものである。子どもの様々な発達を考慮して実践していくことが望ましいといえよう。

　写真3-1は、顔が鈴でできた人形が、カップの中に入っているおもちゃである。楽器の名前は「スズマン」とつけられた。写真3-2は、うちわに雷の顔をあしらった「でんでん太鼓」。

　これも子どもの興味をひく楽器といえる

写真3-1　　　　写真3-2

第3章 音楽づくり

だろう。音に対する興味付けの楽器として位置づけることが可能である。

（2）撥弦楽器

撥弦楽器とは，ギター，三線，マンドリン等，弦をはじいて音を出す楽器である。写真3－3は，箱に太さの異なるゴムをかけ，はじいて音を出して遊べる撥弦楽器，名前は「ブタ箱ギター」という。この他にも，きちんとネックを取り付け弦を張りフレットを切り，共鳴胴をつけたギターの様な楽器もつくってみるとおもしろいだろう。

写真3－3

（3）打楽器

打楽器は手づくり楽器の王様といっても過言ではないだろう。何をつくろうかと，子どもたちのアイディアもふくらんでくることが予想できる。作品を紹介する。写真3－4は，牛乳パックを利用したハイハットシンバルである。口の中に10円玉が上下2枚，セロハンテープでつけてあり，口を閉じると高い響きのある音がする。「ペンギンちゃんのハイハットシンバル」と名付けられている。

写真3－5は，アンパンマンの口の中に爪楊枝を貼り付け，割り箸のス

写真3－4

写真3－5

ティックでこすって音を出すギロである。顔の裏面にはゴムが張ってあり、そこに手をとおして持つように工夫されている。名前は「ギロぱんマン」。

写真3-6は、ヤクルトの空き容器に米を入れたシェーカー。とても響きがよく、ボサノヴァのような音楽の伴奏にも最適である。この時、米・小豆・小石等、中に入れるものを変えてみると、また違った音が楽しめる。このような発見を子どもと共に喜べるような実践を積み上げたい。

写真3-7は、空き缶でつくったウッドブロック。それぞれの缶で、高さの違う音が出るよう工夫されている。

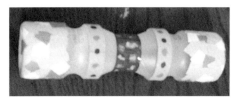

写真3-6

写真3-7

（4）吹く楽器

吹く楽器も様々なものが考えられる。びんの口をフルートのように吹くと、それだけで立派な楽器のできあがりとなる。二人以上で違う高さの音を吹いて、ハモらせてみるのも楽しいだろうし、曲を演奏することも可能である。

写真3-8は、空き缶にストローをつけて演奏する楽器である。簡単につくれるが、ストローをつける位置を子どもに考えさせたい。その位置によっては、音が出たり出なかったりする。そうした原理を追究させる活動もおもしろい。

写真3-8

（5）自然を素材にした楽器

校庭や校外に落ちている自然の素材を使って楽器をつくってみよう。写真3-9は石どうしをあわせて打つという楽器である。写真3-10は木の枝のク

第3章 音楽づくり

写真3-9

写真3-10

写真3-11

写真3-12

ラベス，写真3-11は枯れ葉のマラカス，写真3-12はペットボトルの中にドングリを入れたマラカスである。

(6) 民族楽器にヒントを得た楽器

　レインスティック。南米のチリで現在でも雨乞いの儀式に使われる楽器である。乾燥させた筒状のサボテンを用いて，ザザーッ，ザザーッというような響きを出す。これにヒントを得てつくられたのが，写真3-13のレインスティックである。つくり方は，まず200本くらいのまち針の先を切る。切ったまち針の先を反物の心棒の中に入れ，両端を閉じる。残った先のないまち針を，心棒にランダムに刺す。これで完成となる。楽器をゆっくり傾けると，きらきらと輝くダイヤモンドダストを彷彿とさせるような響きの音が聞こえてくる。

写真3-13

(7) 手づくり楽器の指導のポイント

手づくり楽器はつくるだけでなく，その後の遊びに次のような工夫をしてみたい。

① 楽器にニックネームをつけさせる（これだけでグンと愛着がわいてくる）。
② 楽器に装飾をほどこす。図画工作科や生活科と関連づけた，教科横断的学習の可能性を模索する。
③ つくるだけでなく，当然ながら演奏して遊ぶところまで実践する。
④ 合奏する際，それぞれの楽器がソロで演奏する（たとえ1拍でも）部分を設けるような工夫をさせる。
⑤ 既存の教育楽器と手づくり楽器を組みあわせて遊ぶのも楽しいだろう。

【④の実践例】

「音のカーニバル（作詞：芙龍明子　作曲：橋本祥路）」（譜例3-1）は，ソロを入れやすい曲である。3～4小節目に6拍の休みがあるので，この間に1拍ずつそれぞれの楽器（ソロ）を打って歌いながら演奏を楽しんでみよう。

譜例3-1　音のカーニバル

これ以外の曲でも，休符の部分に手づくり楽器のソロを入れて合奏してみると，子どもたちの感性が磨かれることであろう。

2　絵本の場面にあった音楽をつくろう

（1）絵本を選ぶ

絵本は，選んでいる時，音がイメージできるようなものを選択させるとよい。話の内容や絵がどんどん進展していく「ストーリーもの」，あるパターンが繰

り返される「反復もの」など，特徴に気づかせながら選ばせるような配慮もあればよい。擬音（態）語等が繰り返されるものもおもしろいし，自作絵本ならオリジナル度はなお増すことであろう。ただし，ページ数の少ないシンプルな絵本を選ぶよう指導したい。長い物語は，分割して複数のグループで一話を仕上げるという方法も助言することが望ましい。

（2）音楽をつける

絵本を読みながら，音楽をつけたい場面を選ぶ。そしてその場面にあった音楽や効果音をつける（既存の曲でもよいし作曲してもよい）。その際，次のことを参考にしてみるとよい。

- 音高，音色，テンポはその場面にあっているか試してみる。
- テーマ曲をつくり，場面ごとにそれを繰り返し演奏する。
- 音楽をつける場面とつけない場面のコントラストを吟味する。
- どんな楽器を使ってもよい。声，手づくり楽器，実際の音等で効果音をつくってみる（ただし，多く使いすぎると逆効果）。
- 絵本をコピーしたものに音の指示を記入したような「シナリオ」を作成しておくと練習の時に便利。

（3）練 習 す る

- 読む人，音楽を奏でる人等，役割を決める。
- 読む人と奏でる人が一緒に歌うところ，一緒に台詞をいうところをつくると効果的（ただし，多く使いすぎると逆効果）。
- 音楽と声の音量バランスを工夫する。とくに音楽を全面に出すところ，音楽をおさえるところを工夫する（声だけにする・音楽だけにする・声と音楽をかぶせる・声と音楽を交互にする，等々。とても重要なことなので，多くのパターンを試行錯誤させたい）。
- 絵本の文字を読むだけでなく，それに旋律をつけて歌（リズム唱でもよい）にしてみるのもよい（ただし，多く使いすぎると逆効果）。

- 場面によっては，読まずに音楽と絵だけで進展させるような工夫もしてみる。
- オープニングでは，聴衆を物語の中に引きずり込む効果をねらい，長めに演奏する（序曲のイメージで）。
- 音楽（音）だけでなく，読む声・表情等にも配慮しトータルな演出に心がける。
- 強弱，テンポ，とりわけ「間（ま）」に留意して作品を仕上げる（とくにページをめくる時の「間」を工夫する）。
- エンディングを工夫する。

（4）発表する

　練習の成果を発表しよう。発表後は演じた子も見た子も意見交換をして，お互いの考えをフィードバックする。このようにしてつくり出した作品を，何かの行事の時に発表することに発展させるのもよい。

（5）取り組みたい絵本

- 山下洋輔・元永定正（1990）『もけら　もけら』福音館書店。
- 谷川俊太郎・元永定正（1977）『もこ　もこ　もこ』文研出版。
- 五味太郎『きんぎょが　にげた』（2000）福音館書店。
- 山下洋輔・柚木沙弥郎・秦好史郎（1999）『つきよのおんがくかい』福音館書店。
- 宮西達也（2003）『おまえうまそうだな』ポプラ社。
- 笠松紫浪『浦島太郎』（2001）講談社。
- Lauren Thompson Stephen Savage 著，きたやまようこ訳（2005）『しろくまくんのながいよる』ソニーマガジンズ。

（6）指導のポイント

- 子どもが様子をイメージしやすい工夫をする。

- 何を根拠にその音をつくったのかということを大切にする。
- まったく自由にさせるのか，音づくりに使う素材を限定するのか，検討する。
- 長い取り組みになるので，他教科と連携させる。

3 絵かき歌をつくろう

(1) オリジナル絵かき歌の実際

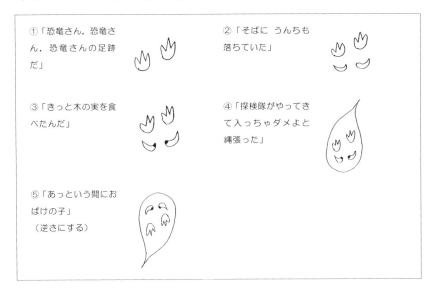

以上は筆者のオリジナル絵かき歌「おばけの子」である。歌のメロディーは次頁の通りである。

(2) オリジナル絵かき歌のつくり方

ⅰ) 何を描こうか，全体像を決める。この時あまり複雑なものを選ばないようにすることがコツ。

ⅱ) 描き上げる順を考え，始まりから完成までの順に即した絵（形）を決めて

いく。この時のコツは, なるべく全体像が最後までわからないように工夫することである。つまり, 最初の段階から特徴的な部分を描くことを避けたい。このことは絵かき歌づくりの鉄則といってもよいであろう。

ⅲ) 最初から完成までの各段階の絵 (形) を説明する歌詞をつける。この時, ○なら「お池が一つあったとさ」とか, △なら「はんぺん一つくださいな」等, イメージしやすいものに置き換えた比喩的な歌詞をつくる。

ⅳ) 歌詞ができたら, それにメロディーをつける。
　① 既存の曲のメロディーを使う。つまり替え歌にしてしまうという方法。
　②「おばけの子」で紹介したような, わらべうたの基になっている音 (この場合は, 『民謡のテトラコルド』, ラは核音といって終止感のある音になっている) で, メロディーをつける方法。おばけの子のように, ラ・ソ・ミを使って, 曲が終わる時はラ (核音) にして作曲してみよう。こうしたメ

第3章 音楽づくり

ロディーの続く感じ，終わる感じを楽しみながら指導したいものである。

③ メロディーがついたら，歌いながら描いてみよう。覚えるまで何度も描いたり歌ったりすることが大切である。絵を描くことに意識をうばわれ，歌がおろそかにならないように指導したい。

④ 最後に絵を180度ひっくり返して，逆さまにして完成させるというような工夫（オチ）もおもしろい。

引用・参考文献

吉富功修・三村真弓編著（2015）『幼児の音楽教育法——美しい歌声をめざして』第3版，フクロウ出版。

高見仁志（2010）『担任・新任の強い味方!! これ1冊で子どももノリノリ音楽授業のプロになれるアイデアブック』明治図書出版。

⌒⌒⌒ 学習の課題 ⌒⌒⌒

(1) 本章において提示された手順を参考に，各自音楽づくりに取り組もう。

(2) 「手づくり楽器」「絵本に音楽をつける」「オリジナル絵描き歌」，それぞれの指導ポイントを整理し実践に使えるようにしておこう。

【さらに学びたい人のための図書】

小島律子（2010）『学校における「わらべうた」教育の再創造——理論と実践』黎明書房。

　　⇨わらべうた教育の理論と実践事例を掲載。実践事例に見られる子どもの姿の本質を理論的に解明し，わらべうた教育の可能性を考察している。

石上則子（2017）『準備らくらく！ アイデア満載！ 小学校音楽あそび70（音楽科授業サポート BOOKS）』明治図書出版。

　　⇨音楽活動の基礎となる能力を楽しみながら育てる「音楽あそび」を領域分野・対象学年別に収録。

全国大学音楽教育学会編（2001）『幼児音楽教育ハンドブック』音楽之友社。

　　⇨音楽の基礎知識や音楽の教育事項などをわかりやすく解説・紹介した用語辞典。実践に役立つ内容が満載。

　　　　　　　　　　　　　　　　　　　　　　　　　　　　　　（高見仁志）

第4章　鑑　　賞

この章で学ぶこと

　　音楽を聴くことは，表現することと同じだけ重要な活動だと言ってよい。それにもかかわらず，表現の授業より鑑賞の授業の方が苦手だと言う教師は多い。表現は当然ながら，子どもによる見える活動なので，それに応えるという形で指導が成り立ちやすい。他方，鑑賞の活動は子どもの内面で起こる見えない活動なので，工夫をしなければそれに応えた指導が難しい。このことが，「聴かせるだけ」の，いわばやりっ放しの鑑賞指導を多く生み出し，面白くない実践を繰り返させたのである。この反省に立ち，本章では楽しい鑑賞の授業をつくるためのポイントを学ぶこととする。

1　鑑賞指導，3つのポイント

鑑賞の授業では，次の3点を心がけて授業をつくることが重要となる。

① 耳に全神経を集中させるよう仕組む（聴く意識をもたせること）

②「何」を聴かせるのか等，ねらいを明確にした活動を仕組む

③ 聴き取ったこと，感じ取ったことを表現させる活動を仕組む（能動的に聴かせること）

上記①について，きっかけを与えない限り子どもは，「聴く」という行為を無意識に行ってしまっていることが多い。これは，日常生活だけではなく，音楽の授業中にも当てはまることである。

そのような子どもたちには，きっかけを与える，つまり「意識して聴く意味を指導する」ことが大切となろう。鑑賞指導における最大のポイントは，子どもの「無意識の領域」を「意識する領域」へ変えることなのである。

44

第4章 鑑　賞

　次に，②で示した「ねらいを明確にした活動」として，取り組みたい4点を
あげる。

- 聴き分ける・聴き比べる活動
- 情景等を思い浮かべて聴く活動
- 音楽を形づくっている要素を聴き取る活動
- 鑑賞の幅を広げ，さらに興味関心を高める活動

　このようなねらいを常に意識することで，充実した鑑賞指導を行うことがで
きるのである。

　③について，教師は，子どもが曲をどのように聴き取り，感じ取っているの
か把握することが必要となる。しかしながら前述したように，それは子どもの
内面で生起しているため，何らかのきっかけを与えないとそれは外側に表出し
てはこない。したがって，そのきっかけをつくる方法を考え出すことこそが重
要となってくる。また子どもにとっても，聴き取り感じ取ったことを表現する
活動は，たとえば国語科において，物語を読んだ感想を発表することと同じよ
うな意味をもつものといえるだろう。

2　聴覚を鋭く働かせるための準備的活動

（1）耳に全神経を集中させる

　子どもは視覚からの刺激には強く反応するが，聴覚の刺激には鈍感なことが
ある。そのため，目隠しをして視覚を機能させなくすると，当然聴覚を鋭敏に
働かせるようになる。

　運動場や校外の広場に出て，安全を保障してから子どもに目隠し（タオル，
アイマスク等）をさせて，次の指示を出す。

　　「今から1分間，口を閉じ，耳に神経を集中しましょう。何の音が聞こえ
　　るか覚えられるだけ覚えて，後で発表してもらいます」。

　果たして，子どもたちはたくさんの音を聴くことになる。自動車の音，風の
音，○○ショップの音……。枚挙にいとまがないほどの音に対し，子どもたち

45

は全神経を集中させることであろう。ここで教師は、聴覚を研ぎ澄ました状態を指導的評価し、定着させるのである。

（2）音の地図作り

　耳に神経を集中させてたくさんの音を聴いたら、音の地図をつくる活動も進めたい。町の中に出て聴いた音でもよいし、学校内の音でもよいだろう。聴いた音をメモして、どこでどんな音がしていたか、地図もつけてまとめるよう指導する。絵を描いたり、音を示したり（擬音・擬態語表記でよい）させてみたい。このような活動は低学年向きといえよう。

（3）鑑賞の導入は子どもの興味をひく音楽から

　CD等を聴く鑑賞の入り口の段階では、どの子も興味を沸き立たせるような音楽を選んで聴かせたい。そのような曲として、「ロック　トラップ」（シンシュタイン　作曲）を紹介する。

　この曲は、体を使って出す音だけでできている音楽である。体のどの部分を使っているか、子どもは集中して聴くことだろう。体のどの部分がなっていたか、聴いた後でクイズにしてみるのもおもしろい。このような場合、「体のどこが使われていたか、後でクイズにするよ」と聴く前に伝えておくことがポイントとなる。

　また、クイズも別の形にして、「何でできた音楽でしょう。わかっても先生がたずねるまでは黙っていてね」と指示し、いきなり聴かせた後で発表させるのもおもしろいかもしれない。

　また、この曲をきっかけにして、ボディーパーカションの活動へと展開させることも可能である。

第 4 章 鑑 賞

3 　聴き分ける・聴き比べる活動

（1）導入期の音の聴き分け

　曲中に登場する様々な楽器の音色を聴き分ける活動の前段階として，おもちゃの音を聴き分ける活動をさせてみよう。とくに低学年で取り組みたい活動である。これに適した曲は，「おもちゃのシンフォニー」（レオポルト・モーツァルト 作曲)」。この曲には，数多くのおもちゃの音がちりばめられている。低学年の子どもにとって，おもちゃの音はなじみやすく，楽器の聴き分け活動の導入期には，最適の曲の一つといってよい。

（2）楽器や声の聴き分け

　木管楽器，弦楽器等，ある楽器のなかまに限定して聴き分けるような活動も実践してみたい。ブリテン作曲の「青少年のための管弦楽入門」を奨めたい。

　楽器の音だけでなく，声の違いを聴き分ける指導もしたい。ソプラノ，アルト，テノール，バス等，声域による違いを聴き分けさせてみよう。有名なベートーベンの交響曲第 9 番の第 4 楽章には，これら声域別のソロや合唱が入るので，聴き分けやすい教材といえるだろう。

　また，声域による音高の違いだけでなく，響きや印象の違いなども聴き比べさせてみたい。

（3）アレンジの違いを聴き比べる

　たとえば，ムソルグスキー作曲の「展覧会の絵」を違ったアレンジで聴く活動に取り組んでみよう（この曲は，彼の友人である画家のハルトマンの絵がモチーフとなっている）。この曲はもともとピアノ曲として作曲されたが，ラベルがオーケストラ用に編曲したものもよく知られている。

　このようなピアノ曲，オーケストラ曲の 2 つのバージョンを聴き比べるような活動を展開してみたい。同じ曲でも，たくさんの違いを子どもたちは発見す

ることだろう。

（4）指揮者や演奏者の違いを聴き比べる

　同じ曲でも，指揮者や演奏者によってまったく違った印象を受けることがある。指揮者や演奏者の解釈の違いを感じることもできるだろう。とくに速度の違いは子どもにもわかりやすく，共通事項とも関連づけて指導できる。

■推奨曲
〈楽器の大きさによる音色の違いを聴き比べる〉
• バイオリン：「美しきロスマリン」クライスラー作曲
• チェロ：「白鳥」サン・サーンス作曲
〈木管楽器を聴き比べる〉
• フルート：「メヌエット（組曲『アルルの女』より）」ビゼー作曲
• クラリネット：「クラリネットポルカ」ポーランド民謡
• イングリッシュホルン：「交響曲第9番『新世界より』：第2楽章の『家路』」ドボルザーク作曲

4 　何かを思い浮かべて聴く活動

（1）様子を思い浮かべて聴くこと

　作曲者は，ある種の精神性を表現する等の抽象的な音楽をつくる場合もあれば，情景等を表現するような具体的な音楽（テーマに基づくことも少なくない）をつくる場合もある。このように様々な描写が存在するが，ここでは，後者に対する鑑賞活動「具体的に様子を思い浮かべる活動」に適した曲を紹介する。

「おどる 子ねこ」（ルロイ・アンダーソン 作曲）
　　弦楽器特有のポルタメント奏法で，「ニャ〜オ〜」という猫の鳴き声を見事に表現した曲。最後に出てくる犬の鳴き声は，打楽器奏者が声で奏でるというユニークなものである。犬に吠えられ，逃げ出していく子ねこのあわてぶりが見事

第4章　鑑　　賞

に描写されている。

「そりすべり」（ルロイ・アンダーソン　作曲）

　　この曲もアンダーソンの作曲である。タイトル通りそりで雪道を軽快に滑って
　ゆく情景が浮かんでくる作品となっている。そりをひく馬のいななきは，トラン
　ペットによるもので，高度なテクニックが必要とされる。

組曲『グランド・キャニオン』より，「山道を行く」（グローフェ　作曲）

　　題名の通り，アメリカの大渓谷をロバと一緒に旅をする旅人の姿をコミカルに
　描いた作品。

組曲『ミシシッピ』より，「ハックルベリー　フィン」（グローフェ　作曲）

　　この曲は，ハックルベリーの冒険を表現したものである。ミシシッピ川をいか
　だで下る様子が描写されている。

「ペールギュント　第1組曲」（グリーグ　作曲）

　　朝・オーゼの死・アニトラの踊り・山の魔王の宮殿にて等のタイトルが付いて
　おり，ストーリーがある作品。

「ピーターと狼」（プロコフィエフ　作曲）

　　この曲は「子どものための交響的物語」で，挿話と音楽で構成されている。話
　に出てくる登場人物はそれぞれがオーケストラの特定の楽器によって受け持たれ
　ている。たとえば，ピーターは弦楽合奏，おじいさんはファゴット，小鳥はフ
　ルート，猫はクラリネット等々……。またこの曲は，先に述べた，楽器の音を聴
　き分ける活動にも充分使える教材といえる。

（2）思い浮かべることと短絡的指導

　学生の行う模擬授業などでは，様子を思い浮かべる手立てとして，曲のテー
マとなっている情景を写真等で掲示する，という手法をよく見かける。この方
法には疑問が残る。思い浮かべるための支援を短絡的に考えすぎているのでは
ないか，という点である。子どもが何かを思い浮かべる支援は重要であるが，
最終的に思い浮かべてほしい情景等を短絡的に示すことはイメージの強要で
あって，避けたい指導法である。何を思い浮かべるかの思考を奪ってしまうよ
うな指導は危険である。

49

5 音楽を形づくっている要素を聴き取る活動

（1）変奏曲の指導

　シューベルト作曲の「ピアノ五重奏曲『ます』第4楽章」を教材として例にあげる。この曲は，主題（もとになる旋律）が形を変えながらいろいろな楽器によって演奏される。まず主題が提示され，第5変奏まで発展し，コーダ（終結部）となる。どのように主題が変化していくのかを捉えさせるような授業を展開してみよう。

　このような変奏曲の指導で大切なことは，主題の旋律を何度も何度も聴かせ子どもの中に充分に定着させることである。聴かせるだけでなく，歌ったり演奏したりして定着させることも重要となる。このような前提を整えてから，主題と第〇変奏の違いというふうに限定して聴き比べさせ，違いを発見させたい。

（2）楽曲の形式を聴き取る活動

　ここで紹介するのは，八木正一のアイディアである（八木正一（1989）『アイディア満載　楽しい音楽　授業づくり4つの方法』日本書籍）。30年近くも前に開発された方法であるが，今でも充分使える指導のエバーグリーンだといえる。

　八木はロンド形式を指導する方法を例にあげる。ロンド形式とは，決まったメロディー（リトルネロ）が周期的に現れる器楽曲の形式である。A－B－A－C－A，のように現れる（Aがリトルネロ）。バッハ作曲の「ロンド」を教材として用いる。

　赤と白のカードを用意し，鑑賞していく。リトルネロが聴こえたら赤を，別のメロディーが聴こえたら白を机の上に並べていく。最終的に，机の上には，

　赤－白－赤－白－赤というようにカードが並ぶこととなる。この方法でも大切にしたいことは，リトルネロを何度も聴かせて充分に定着させておくことである。

　この方法以外にも，リトルネロが始まったら体を動かし別のメロディーに

なったら休む等の方法も考えられるが，八木の方法は聴き取ったことを視覚的に顕在化するという意味において，楽曲の様々な形式の指導に応用可能である。

6　鑑賞の幅を広げる活動

（1）西洋以外の世界の音楽を聴く活動

　西洋中心の音楽だけでなく世界各地の音楽（楽器）を取り上げて鑑賞させてみよう。このような活動は，他教科との関連も考えながら指導してみたい。社会科での世界の国々の学習に結びつけたり，国語科の物語学習などとも結びつけることができるであろう。たとえば，モンゴルの楽器「モリンホール（馬頭琴）」の由来を伝える「スーホの白い馬」を教材にしてみてはどうだろうか。物語を味わい，それにまつわるモリンホールの，郷愁に満ちたサウンドを聴いてみたい。物語と音楽が子どもの心に響き，深い感動を呼び起こす学習展開が期待できよう。学習の発展として，擦弦楽器，弦，弓について，また独特の歌唱法である「ホーミー」（舌を巻き上げのどに詰めたようにして発声。野太い声と高い笛のような倍音が鳴る）について調べてみるのもよいだろう。

（2）日本の音楽を聴く活動

　和楽器の鑑賞は工夫次第で誰にでも取り組めるものとなり得る。次のような活動に取り組んでみよう。

- 各地のお祭りのお囃子に関する活動
- 各地の民謡や子守歌に関する活動
- 日本の音階（民謡音階，都節音階，呂音階，律音階，琉球音階等）に関する活動
- 日本の楽器に親しむ活動（尺八，箏，三味線，締太鼓，笙，etc.）
- わらべうたを聴いて遊ぶ活動
- 雅楽を聴く活動

7 聴き取ったこと・感じ取ったことを表現させる活動

（1）能動的に聴かせる

　教師は，子どもが曲を聴いてどのように聴き取り，感じ取っているのか把握することが必要となる。くり返すが，この営みは子どもの内面で生起しているため，何らかのきっかけを与えないとそれは外側に表出してはこないのである。したがって，そのきっかけをつくり，表出する方法を与えることこそが重要となってくる。その要となるのは，子どもに能動的に聴かせる工夫である。能動的に聴くとは，「目的をもって聴くこと」「集中して聴くこと」「こだわりをもって聴くこと」「積極的に聴くこと」等であろう。このような能動的な状態で聴き取ったこと・感じ取ったことを表現させるためには，次の4点を意識することがきわめて重要であろう。

　　ⅰ）限定して表現させるのか，まったく限定しないのか検討する。

　　ⅱ）感じ取ったことを漠然と表現するのでなく，聴き取った「音楽を形づくっている要素」に結びつけて表現させること。

　　ⅲ）感じ方を強要しないこと。

　　ⅳ）教師自身がたくさんの音楽を能動的に聴く習慣をつけること。

　鑑賞指導の難しさは，子どもが音楽をどのように聴き取り感じ取ったか，それを表現させることにある。その方法を次に紹介することとしたい。

（2）最初は聴こえた音をひらがなにする

　導入段階に適した方法として，聴こえた音を文字，線，図形にさせてみよう。
　たとえば，10円玉を机の上に落として，その音をひらがなで表記させてみる。このとき重要となるのは，「チャリーン」などといった漫画の擬音語のようなものでなく，本当に聞こえたままに表現させることである。こうすると，「きゃりりりりりっっっっっとぅわとぅわこうこうっこうっっっっっっ……」等，楽

しい表現のオンパレードとなるであろう。音の強弱を文字の大きさによって表現する子どもも出てくるだろう。このような子どもは，音の強弱にもこだわっているので，評価していきたい。

（3）聴いて感じたことを身体で表現する

先に示した「おどる子ねこ」なら，子ねこになったつもりで，踊ったり鳴いたりさせてみよう。このような活動は，とくに低学年向いており，幼稚園教育からの延長線上にあると捉えることもできよう。

ただし，意味なく体を動かすのではなく，最終的には音楽を形づくっている要素に自分なりの意味づけをした動き（たとえばバイオリンのポルタメント奏法特有の音色が聴こえたら鳴く，等）をするような活動が望ましいといえよう。

（4）題名をつけさせる

曲を聴いて題名をつけさせる。これはよく取り組まれる方法だが，作曲家と同じ題名をつけることが目的ではなく，大切なことは，イメージして題名を考えることにあるのだ，ということを子どもに指導したい。

こうした題名を考えさせる方法には，いきなり自由に考えさせるのではなく題名を3つほど教師が事前に用意しておいて，子どもに選ばせその理由を「音楽を形づくっている要素」を基に考えさせるという方法から始めると，無理のない指導となる。こうした限定をもち込んだ指導は，小学校の子どもにはきわめて有効である。「何でも自由に考えなさい」という方法は，皮肉にも子どもにとって一番応えづらい指導法でもある。

引用・参考文献

高見仁志（2010）『担任・新任の強い味方‼ これ1冊で子どももノリノリ音楽授業のプロになれるアイデアブック』明治図書出版。

八木正一（1989）『アイディア満載　楽しい音楽　授業づくり4つの方法』日本書籍。

┌─ 学習の課題 ─┐

(1) 本章において提示された鑑賞指導の手順を参考に，各自楽曲を鑑賞してみよう。

(2) 「感じ方の強要」「短絡的な鑑賞指導」「限定性を備えた課題設定」に関して，
　　自分の考えを整理しておこう。

【さらに学びたい人のための図書】

野本由紀夫ほか（2002）『200 CD 指揮者聴き比べ！オーケストラ・ドライブの楽し
　　み』立風書房。
　　⇨同じ曲でも指揮者によってどのような違いを見せるか聴き比べ，指揮者の存在
　　　と意味，役割について解説されている。113人の名指揮者の能力をグラフで分
　　　析した推薦ディスクが紹介されている。

阪井恵・酒井美恵子（2017）『音楽授業でアクティブ・ラーニング！子ども熱中の鑑
　　賞タイム（音楽科授業サポート BOOKS)』明治図書出版。
　　⇨教科書で紹介されている曲だけでなく，アニメや J-POP からもセレクトした
　　　魅力的な50曲が収録されている。アクティブ・ラーニングを意識した授業プラ
　　　ン，授業で使えるワーク等も掲載されている。

（高見仁志）

第5章 指 揮 法

この章で学ぶこと

指揮者の役割は，大きく分けて「演奏者の入りをそろえること」「拍子
を示し，テンポを維持したり変化させたりすること」「音楽的な表情を引
き出すこと」の3つである。演奏者にとってわかりやすい指揮をするため
には一定のテクニックが必要となる。また指揮は，児童にとって楽曲の特
徴や演奏のよさを理解するための1つの手段でもある。この章では，まず
児童の合唱や合奏をリードするために教師が身につけておくべき基礎的な
指揮のテクニックを取り上げる。後半では，楽曲の特徴や演奏のよさの理
解の視点から音楽の授業において児童に指揮をさせることの意味と配慮に
ついて述べる。

1 指揮棒の持ち方

指揮棒がなくても指揮はできる。しかし演奏者の数が多い場合や打点を明確
に示す必要のある軽快な楽曲を指揮する場合には指揮棒を使用した方がよい。
指揮棒の持ち手にはコルクでできたグリップがついている。この部分を利き手
の手のひらに当て，人差し指の第1関節と親指で棒の根元を握り，他の指は軽
く添える（写真5-1）。脇を閉じ，肘をほぼ90度に曲げ，前腕が水平に前方に
向かっている状態が基本のポジションである。このとき親指を上にする構え方
と手の甲を上にする構え方の2通りがある（写真5-2）。

55

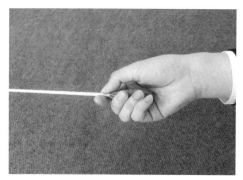

写真 5-1　指揮棒の握り方　　　　　　写真 5-2　基本のポジション

2　指揮の基本的テクニック

（1）肘から先を中心に
　脇を開き上腕を大きく動かしすぎると指揮の美しさが損なわれ，演奏者に打点がわかりにくくなる。指揮では肘と手首によってつくられる前腕の動きを主に使う。

（2）叩　き
　演奏者に拍の流れを明確に伝えるためには，空中の1点を文字通り「打つ」ことによって示す打点が必要になる。斎藤秀雄はこれを「叩き」と呼んでいる（斎藤，2010）。まず基本のポジションから前腕を上に向かって跳ね上げ，自然に落下して元のポジションに戻して止める。跳ね上げたあとは，力を抜いて自由落下運動に任せることが必要である。この動きに慣れたら，次第に基本のポジションで止める時間を短くし，最終的には連続で叩きができるようにする。感覚をつかむために，指揮棒の代わりにマレットをもち，木琴の鍵盤を響きのある音で鳴らす練習をするとよい。鍵盤を叩いた瞬間にタイミングよく前腕を跳ね上げると響きのある音が鳴る。このときの前腕の動きを指揮に応用する。

第5章 指揮法

（3） 1拍子の指揮

叩きを連続すれば1拍子の指揮となる（図5-1）。ワルツのように速度の速い3拍子の楽曲は1小節を1単位として1拍子で指揮することが多い。

（4） 遅いテンポの練習

遅いテンポで叩きをするときには，自由落下に任せていては間が持たなくなる。跳ね上げたあと上空で失速する瞬間と加速する瞬間の時間をやや長く保つことでテンポを遅くすることができる。

図5-1　1拍子の軌道
軌道線が太いほど速度が速いことを表す

（5） 速いテンポの練習

速いテンポの場合には逆に加速度を高める必要がある。早くなっても等速運動にならないように跳ね上げと落下を意識しなければならない。

（6） 手首の練習

叩きの瞬間に手首の先を鋭く小さくしなうように動かすことで打点をさらに明確にすることができる。

（7） 2拍子の練習

すべての拍子の指揮において，1拍目は，必ず基本の叩きと同じく垂直に落として叩く。2拍子の場合には，1拍目の打点のあとに前腕を外側に斜めに降り上げ，同じ軌道を戻って叩くことで2拍目を示す。2拍目の打点のあ

図5-2　2拍子の軌道
右手で指揮をする場合の
指揮者から見た指揮棒の軌道

57

とは再び垂直に跳ね上げ，次の1拍目を準備する（図5-2）。

（8） 3拍子の練習

3拍子の場合には，1拍目の打点のあとに，内側（右腕の場合には左側）に斜めに跳ね上げ，外側に開きながら叩くことで2拍目を示し，3拍目は再び内側に戻しながら叩く（図5-3）。

図5-3　3拍子の軌道

（9） 4拍子の練習

4拍子の場合には，1拍目の打点のあとに再び垂直に跳ね上げて叩くことで2拍目を示し，次に3拍子の2拍目と同様に外側に開きながら叩いて3拍目，内側に戻して4拍目を示す（図5-4）。

図5-4　4拍子の軌道

（10） 6拍子の練習

① 遅い6拍子

遅い6拍子の場合には，1拍目のあとにやや小さめに垂直に2回叩くことで2拍目3拍目を示す。3拍目の叩きのあとにやや大きく内側に跳ね上げてから外側に開きながら叩いて4拍目を，4拍目と同じ軌道をやや小さめに叩くことで5拍目を，5拍目のあとに内側に戻しながら6拍目を示す（図5-5）。

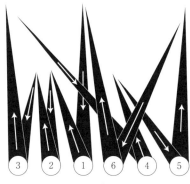

図5-5　6拍子の軌道

② 速い6拍子

速い6拍子の場合には，3拍ずつを単位にして2拍子で示すとよい。

(11) レガートな楽曲の指揮

比較的ゆったりとしたレガートで叙情的な楽曲の場合には，打点を明確に示す叩きによる指揮では曲想にふさわしくないことがある。その場合には，跳ね上げと自由落下による加速度を伴う動きではなく，明確な打点をつくらずに等速で指揮をするとよい。

(12) リタルダンドやアッチェレランドの練習

指揮者の大きな役割の1つがテンポの変化の指示である。リタルダンドをかける場合には，打点と打点の間隔を少しずつ長くしていくことで，テンポを遅くすることを演奏者に指示する。テンポが遅くなることにより1拍の間隔が長すぎて1打点では示せない場合には，1つの拍を2つに分割し，2打点で示すとよい。アッチェレランドの場合には，逆に打点間を短くしていく。

(13) 入りの合図

① 演奏開始の合図

演奏開始を合図するために，楽曲が始まる拍の前の拍を準備として演奏者に示す。これを予備拍という。予備拍は1拍ないし2拍でよい。予備拍が多すぎると演奏者が混乱して入りを間違える恐れがある。いずれの場合も演奏者が入る1拍前に，自分も一緒に歌や楽器の演奏を開始するつもりで息を吸い，それと同時に少し大きめに振り上げるとよい。

② 演奏中の入りの合図

伴奏だけが先に入る楽曲や，複数のパートに分かれていて曲中の入りのタイミングが違う楽曲の場合には，それぞれ新しいパートの入りを演奏者に示す必要がある。この合図が明確に示されると演奏者は安心して歌い始めたり演奏を始めたりできる。演奏開始の合図と同じく新しいパートが演奏を始める1拍前

に息を吸い，少し大きめに振り上げる（譜例5-1）。このとき演奏を開始するパートの方に身体を向け，演奏者と視線を合わせることが大切である。

譜例5-1　演奏中の入りの合図

(14) 演奏終了の合図

　演奏の終わり方は，楽曲によって異なるためそれぞれの状況に合った演奏終了の合図を示す必要がある。テンポを維持したまま，短い音で終る楽曲であれば，最後の音の打点を示したあとで跳ね上げ，次の叩きをせずに上空で静止する。フェルマータ等の長い音で終る場合には，最後の音の打点を示したらその位置で静止し，必要な長さだけ伸ばしたら，静かに上に持ち上げ，上空で小さな輪を描くようにして音を切る。

(15) 両手で指揮をする

　両手で指揮をするときに，左右対称の動きをすることにはあまり意味がない。右手で拍子を示す場合には，反対側の左手は，演奏者に対して右手では表しきれない表情を指示するために用いる。たとえば，クレッシェンドをかけていく場合には，演奏者に対して手の甲を見せ，手前に引きつけながら少しずつ上げていく。反対にデクレッシェンドをかける場合には，手のひらを相手に見せ，

第 5 章　指　揮　法

身体から離しながら少しずつ下げていく。また演奏進行中にフレーズの終わり
などの長い音をしっかり保って演奏してほしいときには，手のひらを上に向け
て前方で静止させ，必要な長さだけ伸ばしたら，静かに上に持ち上げ，上空で
小さな輪を描きながら音を取るように手を軽く握る。いずれの場合にも，指揮
棒をもっている方の手は，演奏者に対して拍子を示し続けていなければならな
い。このように左右非対称の動きを行うことは難しいので，普段から練習する
必要がある。

3 　児童への指揮の指導

（1）音楽を特徴付けている要素や音楽の仕組みの働きに気づいたり，
**　　感じ取ったことを伝え合ったりする**

　私たちは，常に身体を通して世界と出会い，その出会いがもたらす身体的な
感覚が世界像をつくると同時に，私たちの自己像を形成している。
　このことについて佐藤公治（2012）は，西田幾多郎の行為的直観に関する論
述に基づき次のように述べている。

　　　　もう一つ西田が行為の働きとして指摘していることは，行為によって私
　　　たちは外に向かってモノを作り出していく過程を通して自己も作られてい
　　　くということである。何故なら，私たちは自分たちが作り出した世界の中
　　　にこの世界と関わりをもった自分たちの姿，意識を見るからである。

（41頁）

　音楽の流れは聴き手に自然な身体の揺れやステップを引き出す。それと同時
に音楽と同調している自分自身の身体的な感覚が流動的な音楽の響きを組織化
し，新しい感じ方を形成する。さらにこの音楽と身体感覚との同調関係が精緻
化するにつれて，それに伴う音楽の感じ方も深まっていく。つまり音楽に合わ
せて動作することは，それ自体が音楽理解の1つの方法でもあるといえる。
　とりわけ指揮は，速度や強弱，拍子などの音楽的な要素の関わりによって生

み出される楽曲の特徴や演奏のよさに出会う最も優れた手段である。

2017（平成29）年6月に公表された小学校学習指導要領解説（文部科学省2017a）では，低学年の段階から音楽に合わせて身体を動かしたり，音楽から感じ取ったことを，言葉や体の動きで表して伝え合ったりするなどの活動が提案されている。また「指揮者の様子を見ながら指揮をさせる」ことが，音楽の特徴を聴き深める手立てとしてあげられている（112頁）。音楽の中に現れる強弱や速度，あるいはリズムや旋律の特徴に反応して，歩いたり身体を揺らしたりする活動を十分に積んでおくことは，指揮による表現の重要な準備になる。

指揮をさせる場合には，音楽を特徴付けている要素や音楽の仕組みの働きに気づかせたり，感じ方を深めたりすることが目的であることに留意し，指揮の形や技法にはあまりこだわらない方がよい。音楽の特徴を上手に捉えた児童の振り方を教師が取り上げ，全体で共有することで，音楽に対する反応を深めたり，広げたりするとよい。

（2）音楽を形づくっている要素の働きを意識して指揮の表現を工夫する

表現活動における指揮の取り扱い方について中学校学習指導要領解説には次のように述べられている。

> 指揮は，主体的に音楽を表現する手段の一つとして意味のある活動である。生徒が指揮を体験する機会を設けることは，音楽を形づくっている要素の働きを意識して表現を工夫する学習につながっていく。

（文部科学省 2017b：99頁）

前述したように音楽に合わせて動作することは，それ自体が音楽理解の1つの方法でもある。表現の場合にも，自分が求めている演奏表現を指揮の動作によって示すことは，それを演奏者に対して伝えようとすることであると同時に，自分の理想とする音楽の姿を理解することでもある。つまり自分の指揮表現の動作とそれによって引き出された演奏との相互作用によって，音楽理解が深まっていくのである。

表現意図を演奏者に対して示す指揮をするためには，前述したある程度の基礎的な技能が必要となる。しかしながら学習指導要領解説にも述べられているように，指揮法の専門的な技術を習得することを目的にする活動にならないように留意しなければならない。

映像教材により，同じ楽曲を異なる指揮者が演奏している様子を観察させ，指揮者の動作とそれによって引き出されている演奏表現の特徴との関係について考えさせることも，表現の工夫の力を育てていく上で効果的な活動である。

引用文献
佐藤公治（2012）『音を創る，音を聴く――音楽の協同的生成』新曜社。
斎藤秀雄（2010）『指揮法教程　改訂新版』音楽之友社。
文部科学省（2017a）『小学校学習指導要領解説　音楽編』。
文部科学省（2017b）『中学校学習指導要領解説　音楽編』。
山田一雄（1966）『指揮の技法』音楽之友社。

（学習の課題）

(1) 指揮者役と演奏者役（2名以上）に分かれ，指揮者の叩きに合わせて演奏者は譜例2を手拍子で演奏する。演奏者の手拍子がぴったりそろうかどうかを確かめよう。もしそろわなかったらその理由を考えてみよう。

譜例 1

(2) 演奏の途中で合図を出す練習。指揮者の4拍子の指揮に合わせ演奏者は譜例3を手拍子で演奏する。演奏者が手拍子を叩く1拍前に，指揮者は入りの合図を出してみよう。

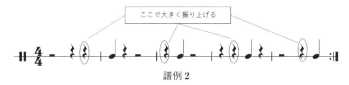
譜例 2

(3) YouTubeなどで同じ曲（例えばベートーヴェン作曲交響曲第5番第1楽章など）を異なる指揮者の指揮で演奏している動画を探して視聴してみよう。指揮者の振り方にどんな違いがあるだろうか。また振り方の違いは演奏にどのように現われているだろうか。話し合ってみよう。

【さらに学びたい人のための図書】

斎藤秀雄（2010）『指揮法教程　改訂新版』音楽之友社。

⇨初版出版は昭和31年。「Tempo と Rhythm の指示を明確に指示できる」（p. 15）ための指揮者の基本的なテクニックを教程化し，誰もが学べるものにした画期的な著書。

斉田好男（1999）『はじめての指揮法——初心者のためのバトンテクニック入門』音楽之友社。

⇨「"曲を始めて終わる"ための最小限必要なテクニック」についてわかりやすく解説している。巻末のエチュードと連動した実践的な練習法も示されている。

渡辺陸夫（1998）『授業にすぐ使える　やさしい指揮法』教育芸術社。

⇨主に小学校の教科書に掲載されている歌唱教材を素材として，入りの合図や強弱表現などの基本的な指揮のテクニックをわかりやすく解説している。巻末のQ＆Aも初心者には役立つ内容。

（菅　　裕）

第6章 音楽理論

この章で学ぶこと

本章では，授業研究を行う際に必要となる基礎的な音楽理論を学ぶ。小学校学習指導要領に示されている，「A表現」及び「B鑑賞」の活動を通して学習する共通事項についての理解を深め，さらに，和声の指導において必要となるⅠ，Ⅳ，Ⅴ及びⅤ$_7$の仕組みや，相対的な音程感覚を育てるために必要となる移動ド唱法の方法などについても触れる。また，第7節でコード記号について触れているが，コード記号を用いて簡易伴奏ができるようになることを目的としているため，演習を伴った学習を期待する。

1 譜表と音名

（1）五線と加線

音の高低を記譜するのに五線を用いる。下から順に第1線，第2線，第3線…といい，第1線と第2線の間を第1間という。五線内に記譜することができない音は，短い線を補う。この短い線を加線という。各線および各間の名称は次に示すとおりである。

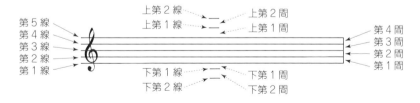

（2）オクターヴ記号

オクターヴ記号の語源はラテン語の"octavus"で，"8番目"という意味が

ある。つまり完全8度音程の関係にあるということである。完全8度音程とは，次のような関係をいう。

オクターヴ記号は「8va」あるいは「8」と略記されることが多い。実際の楽譜でオクターヴの意味を確認する。バイエル62番の2小節目の右手と，10小節目の右手を見てみよう。

2小節目は上第2線のド，10小節目は第3間のドで記譜されているが，10小節目にはオクターヴ記号がつけられているため，完全8度音程上の音を演奏することになり，実際には上第2線のドを演奏することになる。つまり，2小節目と10小節目は同じ高さの音（同じ鍵盤の音）である。

（3）音部記号と譜表

広い音域を記譜するために，たくさんの種類の音部記号があるが，ここでは小学校音楽科でよく使われるト音記号とヘ音記号のみを示す。ト音記号を用いた楽譜を高音部譜表，ヘ音記号を用いた楽譜を低音部譜表といい，高音部譜表と低音部譜表を結んだ譜表を大譜表という。

（4）音　　名

音名には幹音名と派生音名がある。幹音とはドレミファソラシの7音を指し，これに♯や♭をつけた音のことを派生音という。伊，日，米の幹音名を示す。

音名には高さを表す方法がある。日本音名の場合，次のように表記される。

（5）記号の名称

拍子記号で示された拍子ごとに区切るために五線に書かれる直角の線を縦線という。縦線と縦線のあいだを小節という。縦線にはいくつかの種類がある。

　複縦線…曲の途中で拍子記号や調号が変化する場合は，縦線を2本書くことで変わり目を示す。

　終止線…曲の終わりを示す。

　反復記号…先に出てきた記号までの間を反復することを示す。

2　音符と休符

（1）単純音符，単純休符の種類

　音符や休符の名称は，全音符を1とした場合の相対的な比率をもって示され

る。たとえば，全音符を1として，二分割した長さをもつ音符のことを2分音符という。

音　符	音符の名称	相対的な比率	休　符	休符の名称
o	全音符	1	━	全休符
♩	2分音符	1/2	━	2分休符
♩	4分音符	1/4	𝄽	4分休符
♪	8分音符	1/8	𝄾	8分休符
♬	16分音符	1/16	𝄿	16分休符

音符の長さを次の図のように捉えることができる。

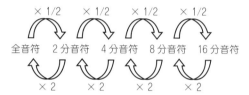

（2）付点音符，付点休符の種類

単純音符，単純休符の右隣りに点をつけたものを，付点音符，付点休符という。付点○分音符は，○分音符とその半分の長さの音符とを合わせた長さをもつ。

（例）付点4分音符 = 4分音符 + 8分音符

音　符	音符の名称	長さの考え方	休　符	休符の名称
o.	付点全音符	o + ♩	━.	付点全休符
♩.	付点2分音符	♩ + ♩	━.	付点2分休符
♩.	付点4分音符	♩ + ♪	𝄽.	付点4分休符
♪.	付点8分音符	♪ + ♬	𝄾.	付点8分休符
♬.	付点16分音符	♬ + ♬	𝄿.	付点16分休符

（3）複付点音符，複付点休符の種類

単純音符，単純休符の右隣りに2つの点がついているものを，複付点音符，

複付点休符という。第4学年の共通教材「とんび」の第3フレーズに出てくる音符なので，理解しておきたい。複付点4分音符＝4分音符＋8分音符＋16分音符となる。

〈共通教材　とんび〉

ピン　ヨロー　ピン　ヨロー　ピン　ヨロー　ピン　ヨロー

（4）拍　子

〔共通事項〕に示された「拍」とは，一定の間隔の刻みのことをいう。拍子記号は算数のように分数で示されているが，算数のそれとはまったく意味を異にする。分母は「何音符を1拍とするか」を示し，分子は「その曲が何拍子か」を示している。つまり，3/4の場合，4分音符を1拍とした3拍子の曲ということを示しており，6/8の場合，8分音符を1拍とした6拍子の曲ということを示している。4分の4拍子，または8分の6拍子の時の音符の長さは次に示すとおりである。

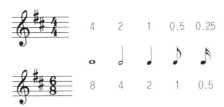

次にリズム譜で拍子を考えてみよう。

- 4分の4拍子の場合，4分音符を1拍として，1小節に4拍分となる。

8分音符は次のようにつなげて記譜される場合が多い。

- 4分の3拍子の場合，4分音符を1拍として，1小節に3拍分となる。

- 8分の6拍子の場合，8分音符を1拍として，1小節に6拍分となる。

3　音　階

（1）半音と全音

半音とは鍵盤上では隣りの音との関係をいい，全音とは半音2つ分のことをいう。♯は半音上げる，♭は半音下げるという意味である。

（2）長音階

ある音を始まりとし，1オクターヴ上の同音名の音まで，ある決まりに従って配列された音の並びのことを音階という。長音階は，全音，全音，半音，全音，全音，全音，半音という決まりに従って配列される。このように並べて幹音だけで成り立つのは，ドを起点とした場合となる。この起点とする音を主音という。

次にソを起点とした場合を考えてみよう。ソを起点として幹音だけを並べた場合，次のようになる。

この状態から，長音階の配列に当てはまるようにするために，♯や♭をつけてみると次のようになる。

このようにしてつけられた♯や♭を，音部記号のすぐ右に表したものが調号である。

（3）短音階

短音階は，全音，半音，全音，全音，半音，全音，全音と配列され，このように並べて幹音だけで成り立つのはラを起点とした場合となる。

（4）調　号

音階で'ある音を始まりとし'と述べたが，この始まりの音（起点とする音）のことを主音という。次に調号とその主音を示す。

〈長調〉

〈短調〉

第6章 音楽理論

4 移動ド唱法

移動ド唱法とは，いわゆる階名唱のことである。学校現場では，「階名で歌いましょう」といいながらも，階名ではなく伊音名で歌っていることが多い。階名とは，音階の主音をドとし，すべての調をドレミファソラシドに読み変えたものである。たとえばへ長調の場合，主音はへであり，階名は次のようになる。

第6学年の共通教材「ふるさと」の第1フレーズを階名で歌うと次のようになる。

5 音　程

(1) 度　数

度数とは，2つの音が幹音いくつ分にわたっているかを示すものである。下の例にあるように，この2つの音は幹音4つにわたっているため，4度という。

度数の数え方は♯や♭がついても変わらない。次に示す音の度数はすべて3度である。

（2）音程の種類

度数の数え方は♯や♭がついても変わらないが，それらを区別するために，完全，長，短，増，減などの言葉をつけ，長3度などのようにいう。

完全系の度数と長短系の度数とに分けられ，1・4・5・8度は完全系，2・3・6・7度は長短系である。前項であげた1度から8度までの度数に，「完全」や「長」の言葉をつけて示すと次のようになる。

「完全」音程より半音広い場合を「増」といい，半音狭い場合を「減」という。

「長」音程より半音広い場合を「増」，半音狭い場合を「短」，全音狭い場合を「減」という。

3度について，詳しくみよう。ドとミの音程を長3度ということは先に述べたとおりだが，その鍵盤の数をみてみると，白鍵と黒鍵合わせて5つの音がある。ミとソの音程も3度だが，鍵盤の数を見てみると白鍵と黒鍵合わせて4つの音で，ドとミの音程より半音狭いことがわかる。よって，ミとソの音程は短

3度という。

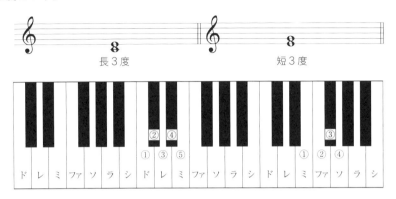

6　三和音

（1）和音の種類

　和音とは，高さの異なる2つ以上の音を同時に演奏する音をいい，三和音とは，3度音程に積み重ねた和音のことをいう。先に述べたとおり，3度音程には長3度，短3度などの種類があり，どの3度で積み重ねられたかによって，和音の種類が区別される。三和音には次の種類がある。

　長三和音……ある音に長3度，短3度と積み重ねた和音
　短三和音……ある音に短3度，長3度と積み重ねた和音
　減三和音……ある音に短3度，短3度と積み重ねた和音
　増三和音……ある音に長3度，長3度と積み重ねた和音

（2）音階の音の上に作る三和音

　音階の音の上に3度で積み重ねた三和音をそれぞれⅠの和音，Ⅱの和音……といい，Ⅰの和音のことを「主和音」，Ⅳの和音のことを「下属和音」，Ⅴの和

音のことを「属和音」という。Ⅰ，Ⅳ，Ⅴの3つの和音は，曲の中で重要な役割を担うため，主要三和音という。

三和音にさらに3度上の音を積み重ねた和音を七の和音といい，音階の音の上に積み重ねた七の和音をそれぞれⅠの七の和音，Ⅱの七の和音……という。さらに，とくに調性を決定づける働きが強いV₇の和音を「属七の和音」という。

（3）基本形と転回形

和音は3度で積み重なっているものを基本形といい，和音の構成音は同じだが高さを変えて組んだものを転回形という。基本形，転回形は，次のような和音記号で示す。

第6章 音楽理論

7 コード記号

（1）コード記号とは

　簡易伴奏譜には，コード記号が付されていることが多い。譜例6-1や譜例6-2にあるC，G，F，G_7といった記号をコード記号という。譜例6-1は単旋律楽譜で，コード記号を用いて自分で伴奏付をして演奏する。譜例6-2は，左手で演奏する音が示されていて，なおかつコード記号も示されており，どちらを用いて演奏しても良い。

譜例 6-1

譜例 6-2

（2）コード記号の種類

　コード記号の種類はたくさんあるが，ここでは3つのコード記号について述べる。前節で述べた和音をコード記号に置き換えて考えてみよう。長三和音は

メジャーコード，短三和音はマイナーコード，属七の和音はセブンスコードといい，それぞれ次のように表す。

（3）コード記号を用いた伴奏付

コード記号のCやGは，一番下の音（根音）を示している。第1節で述べた米音名を思い出してみよう。

〈考え方〉

コード記号がCの場合，根音をドとし長三和音を組む。

コード記号がGの場合，根音をソとし長三和音を組む。

コード記号がC_mの場合，根音をドとし短三和音を組む。

コード記号がG_mの場合，根音をソとし短三和音を組む。

譜例6-1の「虫のこえ」のコード記号をみてみよう。使用するコード記号はC，F，G，G_7の4種類で，Cはハ長調の主和音，Fは下属和音，Gは属和音，G_7は属七の和音となっている。根音を確認して長三和音や属七の和音を組んでいくと，譜例6-3のようになる。しかし，実際に演奏してみるとわかるが，大変弾きにくい。

譜例6-3

そこで，転回形を使って，より弾きやすく，考えていくことが求められる。主和音を基本形とし，その他の和音は弾きやすい手の動きを考えて転回形を使っ

第6章 音楽理論

てみると，譜例6-4のように伴奏付することができる。

譜例6-4

コード記号の一覧表を示しておくので，コード記号による弾き歌いをする際に役立ててもらいたい。

8　移　調

　移調とは，ある曲をそのまま違う高さを移すことをいう。カラオケボックスで，自分の声域に合わせて高さを調節する機能があるが，まさにそれを移調という。
　移調をするためには，まず移調しようとしている曲が何調かを調べる。第6学年の共通教材「ふるさと」を移調する方法を考えてみよう。
〈共通教材「ふるさと」〉

　調号からヘ長調かニ短調と判断することができ，さらに曲調からヘ長調と調判定することができる。この曲の音の高さを1つ上げることを考えたいが，音を1つ上げることを"2度上げる"という。(ドとレの音程を2度という。)
　曲全体の音を1つ上げるということは，曲の始まりの音がファからソに長2度上がるということになり，譜例6-5のように移調することができる。

譜例6-5

へ長調の曲を長2度上げたら，当然，調号も長2度上げなければならないので，ト長調となる。調号を整えて記譜したものが譜例6-6である。

譜例6-6

9 音 楽 用 語

（1）速度を示す記号

曲の速さを示す方法として，♩＝80のように数字で表す方法がある。これは，1分間に4分音符を80回打つ速さという意味があり，♩＝60の時は秒針と同じ速さということになる。その他，Lento（緩やかに），Andante（ゆっくり歩くような速さで），Moderato（中ぐらいの速さで），Allegretto（やや速く），Allegro（速く），Presto（急速に）などの言葉で表す方法があり，これらはメトロノームに示されているので，メトロノームで速さを確認すると良い。

（2）強さを示す記号

良く使われる強さに関する記号を順番に示すと次のようになる。

pp（とても弱く）　p（弱く）　mp（やや弱く）　mf（やや強く）　f（強く）
ff（とても強く）

（3）速さや強さを途中で変化させる記号

曲の途中で速さや強さを変化させる場合には，次のような記号で示す。

　　accelerando（略して accel.）　　だんだん速く
　　ritardando（略して rit.）　　　　だんだんゆっくり
　　rallentando（略して rall.）　　　だんだんゆっくり
　　crescendo（略して cresc.）　　　だんだん強く
　　decrescendo（略して decresc.）　だんだん弱く

dim. e rit.	だんだん弱めながらゆっくり
a tempo	もとの速さで
Tempo I	最初の速さで

（4）奏法に関する記号

① スラー（高さの違う2つ以上の音をなめらかに演奏する）

② タイ（同じ高さの音を結ぶ。2つめの音を鳴らさず，長さを合わせて演奏する）

③ アクセント（とくに強調して演奏する）

④ スタッカート（短く切って演奏する）

⑤ スタッカーティシモ（④のスタッカートと比べると，より短く鋭く演奏する）

⑥ テヌート（その音の長さを充分に保って，短くならないように演奏する）

⑦ フェルマータ（たっぷりとのばして，約2〜3倍の長さで演奏する）

（5）曲想に関する記号

agitato	激しく，せきこんで
cantabile	歌うように
comodo	気楽に
dolce	甘くやわらかに
espressivo	表情豊かに
legato	なめらかに
leggiero	軽く
marcato	はっきりと

（6）省 略 記 号

リピート記号や D.S.（ダル・セーニョ），D.C.（ダ・カーポ）などの記号によって，どのように反復するのかを示す。

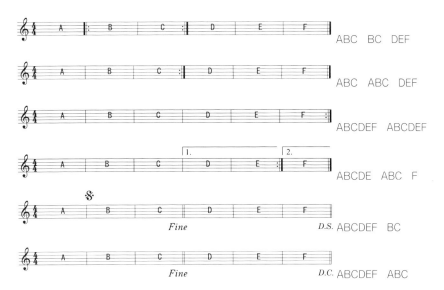

  学習の課題

(1) 移動ド唱法を用いて共通教材を歌ってみよう。
(2) コード記号の一覧表を見ながら転回形を考えて，実際にコード記号を使って弾き歌いをしてみよう。

【さらに学びたい人のための図書】
辻本健市（2009）『保育者のための楽典と和声 音楽の約束ごと』株式会社サーベル社。
　　⇨小学校教諭・幼稚園教諭・保育士を目指す学生のために書かれた本で，和音の機能について，さらに学習することができる。

（山本千紗）

第7章　コード・ネームによる弾き歌い

この章で学ぶこと

　教師のピアノの弾き歌い……。一緒に歌う子どもたちの笑顔……。
音楽科授業に関わる人なら，こんな場面にきっとあこがれることだろう。

　しかし，

　　「ピアノを弾かないで，無伴奏で歌うこともとても大切」。

　　「ピアノ伴奏なしで歌う方が，教師の生の声がしっかり伝わることも
　　ある」。

　　「楽譜にかじりついて，子どもそっちのけで弾く伴奏は冷たく響く
　　……」。

　このように無理に弾き歌いなどしなくても，無伴奏でも音楽科授業はで
きるとも考えられる。

　それでも，「やっぱり弾き歌いがしたい」「子どもの歌だけでなく，
J-pop やジャズっぽいおしゃれな感じで弾いてみたい」「簡単なのに，う
まくきこえる弾き方をおぼえたい」などの願いを持つ教師は少なくはない。

　そこで本章では，一度おぼえてしまうと簡単に弾き歌いできて，多くの
バリエーションで演奏できる「コードネームによる伴奏法」を学ぶこととす
る。

1　練習の前に

　本格的な学習を始める前に，次頁の譜例7-1をどんなにゆっくりでもいい
ので弾いてみよう。一度にたくさんの音を弾けない場合は，音を省くことも可
能である。どんな指使いでもかまわないので，とにかく，音を出してみること
から始めよう。

第7章　コード・ネームによる弾き歌い

左からC，F，G₇と呼ばれるコードである。これを弾くだけで，歌い出したくなるような響きを感じることだろう。ギターを「ポロン，ポロン」と弾きながら歌うあの感じを，ピアノでも同じように味わえる。

譜例7-1

コード・ネームを用いると，弾きながら子どもに向き合うことができ，様々なジャンルの音楽に応用もできるのである。

2　コードを使った伴奏法 ①
——メロディーを弾かないパターン——

（1）ハ長調で大切な3つのコードをおぼえよう

譜例7-1がハ長調の主要三和音である。4分の4拍子になっているが，最初は適当な長さで音をのばして，C→F→G₇の順でコードを弾いてみよう。なれてきたら，C→G₇→F，G₇→C→F等，バラバラの順で弾いてみよう。とにかくコードが手になじむまで弾いてみよう。それができるようになったら，4拍のばして次のコードへ，また4拍のばして次のコードへというように，一定の長さでコードチェンジする練習をしてみよう。

（2）「さんぽ」の冒頭部を弾き歌いしてみよう

①次頁の「さんぽ」（作詞／中川李枝子・作曲／久石譲）のピアノ伴奏が弾けるように練習してみよう。音符が記入されていない小節はコード・ネームを頼りに弾いてみるとよい。最終的には，大譜表（Piano 譜）を見ないで弾けるようになりたい。

②「まずピアノが弾ける」→「次に歌をのせる」という順で練習しよう。

③この伴奏法は，メロディーは弾かない方法である。メロディーを提示しているのは演奏者の声のみである。したがって，正確に歌う力が要求される。弾

くだけでなく歌うことにも意識を向けて練習したい。

（3）「さんぽ」の続きを弾き歌いしてみよう

　下の楽譜にはピアノ伴奏譜が付いていない。第6章のコードネーム表を参考にして自分で考えて，コードを全音符または二分音符で弾いてみよう。

（4）伴奏パターンを工夫してみよう

　全音符でコードが弾けるようになったら，次のような弾き方にも挑戦してみ

よう。

（5）「さんぽ」以外の曲で下の伴奏型も試してみよう

3　コードを使った伴奏法 ②
——メロディーを弾くパターン——

（1）前奏，後奏のつけ方

　前奏，後奏は最後の4小節（2小節）を使うとよい。「さんぽ」の場合，上の楽譜を参考にしてほしい。右手でメロディー，左手でコードの根音を弾く伴奏

を試してみよう。和音の基本形の場合，根音はコード・ネームの一番左のアルファベットの音となる。

Ⓒ　Ⓔm　Ⓖ₇　Ⓒ₇SUS4……。つまり○で囲んだ音を弾けばよい。

○で囲んだ部分は英語音名で次の楽譜のようになる。Em の根音はミ，G₇ の根音はソとなる。ただし，左手はベース音を担当するので，初期段階では次の楽譜に示した＊より低い音を弾くようにしたい。

それでは，B♭m の根音は何の音だろうか？　一番左のアルファベットのBに♭がついているので，シのフラットということになる。G♯₇の根音は？　ソのシャープとなる。

「さんぽ」のように有名な前奏がついている場合，楽譜通りに弾くというのもよい方法といえる。前奏はピアノの音を前面に出し，歌が入ってくるとピアノの音をやや弱くして弾き，歌を全面に出すようにしよう。

（2）楽譜を簡単にしてしまおう（「おんまはみんな」の例）

楽譜を簡単にする場合，☐で囲んだ大譜表の右手部分を弾かないという方法が考えられる。右手は一番上の段のメロディー部分を弾く。また，一番下の段の4小節目のように左手に音が重なっている場合，（　）で囲んだ部分を省略して最も低い音だけを弾くとよいだろう。

左手をさらに簡単にするには,前述したようにコードの根音を下の楽譜のように弾くとよい。

(3) コードを使った弾き歌いがうまくなる7つのコツ
  ① 歌い出しの音をしっかりとれるように練習する。
  ②「歌声:ピアノ=7:3」くらいの音量になるイメージで演奏する。
  ③ 暗譜する(コード進行を暗記する)。
  ④ 重なった音(和音)をリズム弾きすることが多いので,音楽の流れや音のエネルギーを理解して演奏する(とくに右手をドタバタと弾かないようにする)。
  ⑤ 子どもをしっかり見て演奏する(ピアノの横,前に子どもを集める)。
  ⑥ 教師の表情を大切にする。
  ⑦ 演奏が終わったとき余韻を残す(余韻に浸れる子どもを育てる)。

4 低学年の身体表現のためのコード弾き

ここでは身体表現だけでなく,音楽ゲーム,楽器遊びの導入等,様々な場面に応用できる「きらきら星」(フランス民謡)の変奏をいくつか紹介する。

(1) 四分音符の「きらきら星」
身体表現の場合,教師は子どもの動きを見ながら声かけすることがとても大切となる。したがって,鍵盤を見ずに暗譜で弾けるようになるまで練習したい。左手が難しい場合はコードの根音を四分音符で弾く,または二分音符,全音符で弾くとさらに簡易になる。
ゆっくり歩かせたい場合は,テンポを遅くして1オクターブ低く弾くといった工夫も必要であろう。その時は,「あ,ぞうさんも歩いているよ」などの言葉をかけてみたい。

（2）八分音符の「きらきら星」

　右手を八分音符にして弾く。テンポも歩くより速くしてみよう。さらに速く走る時は，もっとテンポを速くしたり，1オクターブ上で弾いてみるのもよい。

＊以降の楽譜は省略

（3）付点音符の「きらきら星」

　右手を付点音符にして弾く（次頁）。これもオクターブ上で弾くと，また感じが変わってくる。

第7章　コード・ネームによる弾き歌い

＊以降の楽譜は省略

（4）八分の六拍子の「きらきら星」

ここではコードネームをあえて付さない。左手の楽譜をよくみて自分で考えてみてほしい。

＊以降の楽譜は省略

八分の六拍子特有のノリを感じながら弾いてみよう。

（5）同主調（ハ短調）のきらきら星

＊以降の楽譜は省略

（6）身体体表現のためのピアノ術4つのコツ

① 弾きながら子どもをみて言葉をかけること

② 立って弾けるようになること

③ 他の変奏にすぐうつれること

④ 子どもが転んだりジャンプしたりするなども想定してクラスター弾き＊を入れる

＊クラスター弾き→隣り合った音をまとめて同時に響かせたものをクラスターと呼ぶ。掌や拳で弾いてみよう。

引用・参考文献

岩口摂子・高見仁志編著（2012）『「表現」がみるみる広がる！保育ソング90』明治図書出版。

学習の課題

⑴ 本章における様々な課題をすべてクリアできるよう練習してみよう。

⑵ 次の言葉の意味を理解し整理しておこう。「メジャーコード」「マイナーコード」「セブンスコード」「第五音（5th）の省略」「根音」

【さらに学びたい人のための図書】

坂井康子・南夏世・山崎和子・岡林典子（2006）『幼稚園教諭，保育士，小学校教員をめざす人のためのピアノテキスト　歌おう！弾こう！こどもとともに』ヤマハミュージックメディア。

　⇨幼稚園・保育所・小学校への就職をめざす方々を対象としたテキストである。コード学習から弾き歌いへとスモールステップで学習することができる。

坂井康子・岡林典子・南夏世・佐野仁美（2016）『コードでかんたん！こどものうた　マイ・レパートリー』ヤマハミュージックメディア。

　⇨即興的に弾くためにコードを覚える方法が工夫されている。弾きやすい編曲に基づいた「生活・行事のうた」「季節・自然のうた」などに分けてあるので，現場のシチュエーションに応じて選曲できる。

（高見仁志）

第8章 絵譜で描く音楽

この章で学ぶこと

多くの場合，音楽科の指導や演奏に楽譜の存在は不可欠である。一般的に楽譜といえば五線譜をさし，楽譜を読むためには多くの音符や記号の意味を習得する必要がある。五線譜は，読譜能力を備えた者にとっては万国共通のツールであるといえよう。しかし幼児期から学童期にかけての子どもたちにとっては，音符や記号によって抽象的に記された五線譜から音楽を感じ取る作業は，きわめて困難を伴うだろう。

本章では，子どもにとって親しみやすい形で音楽を描いた「絵譜」を紹介し，その今日的意義を見つめ直すとともに，絵譜の再評価につながる実践例を紹介する。

1 問題の所在

幼小連携の必要性が叫ばれている今日，音楽科としてどのような教材が求められているのだろうか。

未就学児はひらがな，カタカナという文字ですらまだ習っておらず，小学校入学と同時に文字でうめつくされた教科書を手にするだけで，期待と不安が胸をよぎるだろう。それに加えて音楽の教科書には，音楽科特有の五線譜という暗号めいた図が掲載されているのである。

幼少期の子どもたちにとって多くの場合，音楽は聴くことによって覚え，歌い，演奏するものである。この手法は「模唱奏」と呼ばれている。日本ではわらべうたや民謡，民俗音楽等の多くは口から口へ，人から人へと技やうたを伝えていくこういった類いの手法によって昔から脈々と受け継がれてきた。

しかし現在の小学校音楽科教育においては，音楽を聴き覚えで演奏するので

はない。楽譜という音楽再現ツールをとおして，自ら音楽の構成や諸要素等を読み，理解した上で演奏できるようになることが求められているのである。

　このように，幼小接続期において子どもたちは，模唱奏から読譜へと大きな転換を迫られることとなる。これは教育上必要な指導の順序ではあるが，そこにある段差が苦痛となり，多くの音楽嫌いの子どもを産んでしまうとすれば，それは本末転倒であるといわざるを得ない。こうした段差を軽減するもの，すなわち模唱奏から読譜へのスムーズな移行を実現する教材を模索することが，焦眉の課題となってこよう。

　そこでこの課題を解決するため「絵譜」をとりあげ，次節から論を展開する。

2 　絵譜の源流をたどる

（1）絵譜の誕生と日本への伝播

　ここで五線譜にかわって音楽を子どもにわかりやすく伝える「絵譜」をご紹介しよう。絵譜とは五線や音符を用いず，音符の代わりに様々なモティーフの絵を用いて，旋律の進行や歌の内容を具象的に示したものである。

　絵譜を考案したのは，1926年ドイツのブレスラウ（現ポーランド領）の小学校で音楽教師をしていたヘリベルト・グリューガー（Grüger, H.）と，その弟で画家のヨハネス・グリューガー（Grüger, J.）の兄弟である。彼らによって1927年に出版された歌曲集 *Liederfibel* には18曲の童謡が収められており，見開き左ページには従来の五線譜による楽譜が，右側のページには彩色された絵譜が対応する形で掲載されている。序文には次のように書かれている。

　　この歌曲集では花，鳥，天使，星，お馬さん，振り子時計，船などが絵譜として，歌の旋律の進行を目に見える形で表現している。この絵譜の表記によって隠されていた音楽の生命が目に見えるようになる。旋律は笑い，泣き，昇降し，ひっくり返り，はずみ，飛びはね，飛び，波打つ。それらはしばしばその動きによって歌詞に沿った筋書きを象徴化している（中

第8章　絵譜で描く音楽

略）。各々の歌節はひとつの特別な色をもち，くり返されるときにもその
色を保持している。個々の旋律部分の異なる色分けにより，歌の形式をよ
りわかりやすく認識することができる。　　　　　（Grüger, Grüger, 1927, 3）

　音楽教師のヘリベルトが五線譜を用いて歌を教えていたが，子どもたちはあ
まり興味を示さず，授業に集中していない様子だった。そこで試しに黒板に絵
を描いて音を表してみると，子どもたちが一気に注目し，楽しげに歌いだした。
そこで楽譜を絵で表すという着想と，その効果の確信を得たヘリベルトは家に
帰り，弟で画家のヨハネスにコンセプトを伝えた。そして二人の協同作業の末，
絵譜による歌曲集ができあがった。
　ヘリベルトはこの歌曲集のコンセプトを，当時の音楽雑誌に次のように語っ
ている。

　　　4歳から6歳の子どもが保育園で受ける，あるいは小学校で受ける一番
　　最初の音楽授業において，視覚は完全に排除されている。子どもはただ模
　　倣するのみである。のちに突然五線譜が目の前に置かれ，譜面を読まなけ
　　ればならない。しかし我々の楽譜システムは幾世期におけるひとつの成果
　　である。そして私たちが授業において生物発生上の基本原理を考慮に入れ
　　るなら，私たちは人類の道すじにそって子どもを記譜法の最初の試みから，
　　だんだん私たちのシステムへと連れて行かなければならない。（中略）私
　　の歌曲集において，旋律を色彩豊かな絵譜をとおして，五線を用いずに旋
　　律の進行の中で具象的に説明することを試みた。（中略）旋律の時間的経
　　過の印象は，絵譜の構造の空間的広がりとともに，色によってリズムや強
　　弱と同様に視覚化され，総合的な形式概念把握へ，子どもらしい音楽精神
　　とかけ離れた分析することなく，子どもを歌曲形式の体験へと導く。

　　　　　　　　　　　　　　　　　　　　　　　　（H. Grüger, 1927, 33-34）

子どもに音楽を与える場合，「子どもの発達特性や発達段階を考慮しながら，

95

図8-1　グリューガーの歌曲集を見ながら歌うドイツの子ども（4歳）と筆者

音楽を子どもらしい感覚と感性で捉えることができるよう導いていかなければならない」という思いから考案されたグリューガーの絵譜は、初版が出版されて以来、親、教育者はもとより当時の名だたる評論家、作曲家らに好評を博し、ドイツでは現在に至るまで人々に愛され続けている。

　子どものための楽譜である絵譜の手法は、ドイツに留学経験のある作曲家で教育者の諸井三郎によって日本に紹介された。絵譜は1947（昭和22）年に公表された戦後最初の学習指導要領音楽編（試案）の中で初めて紹介された。「『絵譜』が初めて学習指導要領で取り上げられた際、『音楽絵画』という言葉で示されて」おり、それを「簡易的な楽譜の要素を兼ねた挿絵を教材として教科書に取り入れたことは、戦後の音楽科教育界では画期的であると捉えられていた」と、長谷川恭子は述べている（長谷川、2014、58頁）。同年、諸井が教科書編纂の中心人物となって発行された教科書「一ねんせいのおんがく」には「ぶんぶんぶん」他3曲、「二年生のおんがく」には「とけいのうた」他3曲の絵譜が五線譜とともに掲載されている。ここでは絵譜のイラストは、同じくドイツに留学経験のある脇田和が担当しており、出典については明記されていないが、ドイツの童謡である「ぶんぶんぶん」「とけいのうた」の絵譜の構図、デザイン等すべてにおいてグリューガー兄弟の作品をもとに描かれているのは明らかである（臼井、髙見、2018、18頁）。

　日本の音楽教育の歴史において、絵譜は1947年から国定教科書に掲載され、様々な変容を遂げながら多様化し、幼児、児童の読譜教育の発展に寄与してきた。しかし、現在使用されている小学校一年の音楽教科書においても絵譜の使用はみられるものの、その形態は初期の絵譜とは異なり、音符のみをモティーフに置き換え、五線譜上に配置した、いわば五線譜を読むための絵譜が多くみられる。五線譜の読譜へと急いだ結果、グリューガーの手法で描かれた絵としての美しさを保持した絵譜は日本からほぼ姿を消してしまった。しかしながら、

第 8 章　絵譜で描く音楽

遊びをとおして子どもたちが音楽の楽しさに出会うために，今，この絵譜の再
活用を提案したい。

　なぜなら絵譜は，五線譜のように厳密かつ正確に音楽の諸要素を伝える機能
性を有してはいないものの，五線譜以上に音楽のもつ内容や雰囲気，ときには
音楽の形式を楽しみながら子どもに分かりやすく伝えることのできるすぐれた
教材であるからである。

（2）絵譜の位置づけと特徴

　イェヴァンスキ（Jewanski, J.）によるグリューガー歌曲集の研究によると，
ドイツではグリューガー兄弟の歌曲集は，次のように位置づけられている。

　「ターゲットグループが学齢前の子どもたちであるということ，彼らはまだ
文字を読むことのできない，あるいは読めるようになったばかりの子どもたち
であるということ，また，“絵に指導的な役割”があるということ，その量が
“原則30ページを越えない”ということから，絵画形式における“実用絵本”
として認められており，後続本も出版されている。」（Jewanski, 2017, 259）。

　また，グリューガーの絵譜の特徴としては，次のように述べている。

　　五線譜は用いていないものの，垂直方向を示す縦軸では音高を，左から
　右への水平方向を示す横軸では時間経過を示しているという点で，記譜法
　の配置に合致している。また，各々の楽譜の段の変換は区切られた絵で表し，
　その下に歌詞を配置している（図8-2参照）。最たる特徴は，各々の“音
　符”をそれぞれの歌の歌詞に由来するモティーフ，たとえば人，動物，花
　といった“絵”に置き換えているところである。記譜法では長い音は水平
　線的空間をより占めるため，グリューガーは音の長さ（音価）をモティー
　フの大小，色づかいやモティーフ自体を変化させることで区別している。

　　隣接する音は近くに並んで存在し，音程が跳躍する場合は，その大きさ
　に合致した間隔でモティーフが配置されることによって，上り下りする旋
　律線は絵譜の中でも同様に上下している。　　　　　　（Jewanski, 2017, 260）

97

図 8-2 「かっこう」

(出所) Grüger, Grüger (1968).

　図 8-2 は日本でも親しまれているオーストリア民謡「かっこう」("Kuckuck, Kuckuck")を，グリューガーが1968年に描いた絵譜作品である。日本語では「カッコー　カッコー　しずかに　よんでるよ　きりのなか　ほうら　ほうら　かあさん」（小林純一作詞）という歌詞で知られているが，原曲では「クッククック　クッククック　森からよんでるよ　私たちを歌わせ　踊らせ　跳ねさせる　春だ　春だ　もうすぐそこだよ」（ホフマン・フォン・ファラースレーベン作詞）という内容である。一，三段目は木をモティーフとして，両段とも同じ雰囲気のもと森を連想する深い緑色で描かれている。二段目は背景がオレンジ色になり，人間の子どもがモティーフとなっているため，一，三段目とは明らかに印象が変わっている。この絵譜からはA-B-Aという構造をもった三部形式の曲であることが，感覚的に把握できるようになっている。

　特筆すべきは二段目の原語「私たちを歌わせ　踊らせ　跳ねさせる」の内容とモティーフの子どもの動きとの一致である。左から五人目までが示す箇所の歌詞は「私たちを歌わせ」となっており，その歌詞に対応するようにモティーフの子どもたちは楽譜を持って歌っている。後半の五人は歌詞の「踊らせ　跳ねさせる」に対応して楽しげに踊っている。男の子と女の子はそれぞれ四分音

第 8 章 絵譜で描く音楽

符と二分音符を意味し，判別しやすいように服の色を変えているのがわかる。

一，三段目では，よく見るとモティーフの木に鳥がとまっている。この鳥がとまっている木は二分音符を意味し，鳥がとまっていない木より長く伸ばすことを示唆している。絵の下に文字で書かれている歌詞がまだ読めなくても，絵によって言葉のもつ意味とニュアンスを楽しく伝え，曲全体の構成や世界観をよく表している。

絵を見ながら正しく歌うことはグリューガーが意図しているところではない。子どもが童心を損なわずに音楽に親しみ，自ら絵を見ながら歌ってみようとする能動的な姿勢を育むとともに，自然のうちに学校教育で始まる五線譜へと導くことが企図されている。この絵譜が音楽の幼小連携で果たす役割は大きいといえるだろう。

3　絵譜の比較と活用

（1）グリューガーの絵譜と日本の絵譜の比較

ここではグリューガーによって描かれた「ぶんぶんぶん」の最も初期の絵譜と改訂版の絵譜，日本の教科書に初めて掲載された絵譜をご紹介しよう。

① 「ぶんぶんぶん」グリューガー（1927）

図 8-3 は1927年の初版本に掲載された「ぶんぶんぶん」の絵譜である。メロディーはボヘミア民謡，歌詞はファラースレーベンによると記されている。

一，三段目は蜂をモティーフとした同一の絵で記されていることから，この曲が図 8-2 の「かっこう」と同様の A-B-A という構造をもった三部形式の曲であることが一目でわかる。二段目では花

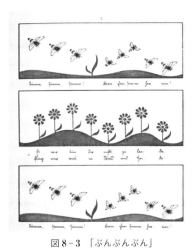

図 8-3 「ぶんぶんぶん」
（出所）Grüger, Grüger (1927).

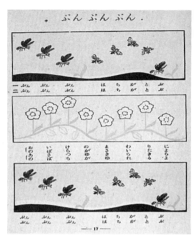

図8-4 「ぶんぶんぶん」
文部省『一ねんせいのおんがく』(1947)

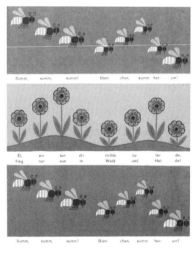

図8-5 「ぶんぶんぶん」(改訂版)
(出所) Grüger, Grüger (1968).

をモティーフとして，一，三段目とはフレームの色も変化させ，曲調の変化を暗喩している。また，ここではまったく同じ二小節が二度くり返されるため，二小節分の音のみを絵譜で表し，フレームの下に歌詞を二段にわたって書くことによって，同一の旋律のくり返しであることを構造的に示している。

② 「ぶんぶんぶん」

図8-4は1947年発行の「一ねんせいのおんがく」に掲載された「ぶんぶんぶん」(作詞：村野四郎)の絵譜である。図8-3で述べたグリューガーの絵譜の特徴をすべて踏襲した上で，一，三段目の最後に四分休符を示す葉っぱのモティーフを追加し，ここに休符があることを厳密に示そうとする意図が感じられる。

日本人は絵譜に，読譜の導入教材として，音楽を再現する正確さを求めているが，二色刷りの単調な色調からは，色彩表現には無頓着であったことが窺える。一方グリューガーは先にも述べたように，楽譜としての正確さよりも，絵としての美しさを重視し，絵譜を描いているといえる。彼の絵譜の繊細な色づかいは，当時1920年代のヨーロッパで関心が高まっていた色と音を関連させた新しい試みを連想させる。

③ 「ぶんぶんぶん」グリューガー（1968）

　図8-5はグリューガーが生涯で4回描き直しを行ったうちの最終版の「ぶんぶんぶん」の絵譜である。①の初版と比較すると，一枚の絵画のような繊細な仕上がり具合とは趣が少し変わっている。はっきりとした色づかいでポップな印象を受け，モティーフはスタンプを押したような洗練されたデザインとなっている。イェヴァンスキはこのグリューガーの画風の変化は，時代の変化や趣向，ニーズによるものだとしている。

（2）歌唱活動における絵譜の活用

　歌唱指導の導入期においては，モデルとなる指導者の表現技術や歌唱技術が子どもたちの歌唱表現に大きく反映されるといっても過言ではない。しかし指導者にとってはそのことに不安を感じる場合も多く，幼児，児童から理想の歌唱活動を引き出し，歌う気分にさせるための声かけや手だて・支援の工夫が必要となっている。

　そこで聞こえたとおりに歌うという表面的な模倣による歌唱から一歩踏み込んで，幼児，児童自ら絵譜を読みながら歌う楽しさを味わうことに取り組みたい。表現可能な音高認識やフレーズ感といった音楽の基本的要素や，楽曲の歌詞の内容，イメージをより理解できるような視覚情報として絵譜を活用したいと考える。

4　絵譜を作成する

　教材として使用する絵譜を指導者自らが作ることで，その音楽と向き合い，歌の魅力や仕組みを再発見することもある。歌詞の内容や曲想から想像力を働かせて歌を可視化する活動は創造的な活動であり，演奏イメージや指導時のポイントを見極める能力が高まることはいうまでもない。ここでは保育者養成校での絵譜づくり実践，小学校児童の絵譜づくり実践，筆者の作成した絵譜をご紹介しよう。

(1) 実践：保育者養成校の学生による絵譜づくり

　保育者養成における絵譜の教材価値と有用性を検証することを目的とし，将来，歌唱指導をする立場となる学生に絵譜を作成させ，その活動をとおして音楽的成長を遂げ得るかを調査した。

　図8-6は筆者が上記で行った「絵譜づくり」の実践で，男子学生Aが好きな曲を選び，作成した「しゃぼんだま」の絵譜である。しゃぼん玉を描く際に大きさや色を変えて音価の違いを表現し，「こわれて消えた」ところは，こわれそうなしゃぼん玉とそれらが消える表現を歌詞どおり表現した。この点にAのこだわりが窺える。音域がフレーズごとに少しずつ上がる様子を，どんどん空高く上がっていくしゃぼん玉で表し，各段ごとに背景も上昇させることで表現している。また，色鉛筆で丁寧に色づけられた色調豊かな絵譜をとおしてしゃぼん玉に託された歌の思いや情景が豊かに描写されている。これらの工夫は，絵を見て歌う子どもたちに空間的広がりを感じさせ，伸びやかな歌唱へ誘う一助となるだろう。

　本実践をとおして，学生には「基礎的音楽能力の育成，歌詞の内容や曲想に

●指導計画（4.5時間：3コマ，科目名：選択科目授業「世界の保育」）
　2014年1月　対象：M短期大学幼児教育保育学科2年17名

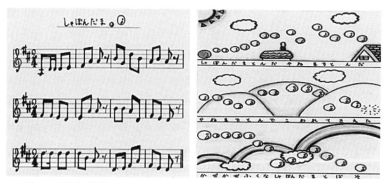

図8-6　学生が作成した絵譜「しゃぼんだま」（作詞：野口雨情／作曲：中山晋平）

第8章　絵譜で描く音楽

対する理解の深まりと，表現の創意工夫，子どもの視線に立った選曲の基準・目安の獲得，オリジナルの教材作り（創作活動）に集中力，想像力，創造力を発揮する姿がみられた」（臼井，2017，6頁）との評価がなされた。

（2）実践：小学校児童の絵譜づくり

　小学校音楽科では，6年間をとおして読譜や記譜の力をつけられるように系統的な指導をしていく必要がある。平成29年公示の学習指導要領には，各学年の〔共通事項〕のイの「音楽を形づくっている要素及びそれらに関わる音符，休符，記号や用語について，音楽における働きと関わらせて理解すること。（知識）」について取り扱うこととしている。これらを段階的に指導していくと，6年生では楽譜が読め，簡単な楽譜を書くことが期待されるが，現実は厳しい状況でもあろう。音符に階名を書かないと読めない児童や，音符それぞれの長さがわからず，1小節内に決められた音符を書き入れることができない児童などがみられる場合もある。また，音楽の授業時数が減ってきている現状にあって，十分な指導ができないことも読譜力，記譜力の定着を難しくしている。

　教科書には見開きの左ページに楽譜と歌詞，右ページに縦書きで歌詞だけが書かれた体裁になっている曲が多くある。その際，児童はどちらを見て歌っていることが多いか5年生児童（S市立S小学校：次頁参照）に調査したところ，半数以上が縦書きの歌詞を見ながら歌っているということがわかった（以降 p. 105 の（3）までは，次頁に示したS市立S小学校のU教諭の実践メモに基づき論じる）。もう少し楽譜を意識させて歌唱指導していきたいという思いから，まずは楽譜に親しみがもてるように絵譜づくりの実践を6年生に行うこととした。

　本実践の成果としては，以前より児童が五線譜や歌詞を意識するようになり，曲の山場を文字通り絵で表現することができ，「あっ，ここを強く歌うといいなあ」と絵を指さしながらつぶやき，歌唱ポイントをみつけている場面もみられた。また，同じ曲を選んでいる者同士では，「こういう表現があったんだ」と他者を認める発言があり，「歌いやすそう」とお互いの絵譜を見ながら歌っている姿がみられた。さらに完成したいくつかの作品を見せながら，みんなで

●指導計画（全9時間：音楽4時間＋図工5時間）
　　　2015年11月　対象：Ｓ市立Ｓ小学校6年生　23名
　　　2016年11月　対象：Ｓ市立Ｓ小学校6年生　32名
1　絵譜作成の要領を知る。
　　　先述の保育者養成校での実践で作成された絵譜作品を数点児童に紹介し，音高や
　　音価と絵が，歌詞と合致していることなどを知らせ，イメージをもたせることに
　　よって，絵譜を作成する大まかな要領を伝える。
2　題材（絵譜の曲）を選ぶ。
　　　あらかじめ16小節以内で完結する楽譜をいくつか用意しておく。
　　「しゃぼんだま」「ハッピーバースデー」「ちゅうりっぷ」「ぞうさん」「めだかの
　　がっこう」「おつかいありさん」「おばけなんてないさ」「おしょうがつ」「ことりの
　　うた」「ぶんぶんぶん」「はとぽっぽ」「かえるのがっしょう」など
3　五線譜を写譜する。
　　　用紙の左半分に正確に楽譜を書かせるようにする。
4　題名や歌詞の内容から絵譜のモティーフを考え下書きする。
　　　下書きの段階で，ある程度音高や音価を意識して描いているか確認する。
5　絵譜を描く。
　　　色鉛筆，クレヨン等を用いて彩色する。

歌うことができ，活動終了後には「おもしろい音楽だ」「こんな図工楽しい」
という声が多く聞かれ，音楽・図画工作に対して苦手意識のあった児童の救い
にもなった。記譜に慣れることで，その後に控える作曲コンクールの取り組み
にスムーズに入ることができたということからも，小学生児童にとっても有効
な実践となったといえよう。
　課題としては，次のような事柄があげられた（実践者のＵ教諭のメモを掲載す
る）。

　　・指導計画の導入においていくつかの作品を例示したが，その絵の模倣に
　　　終始する作品も散見され，イメージを膨らませる導入の仕方に課題が残
　　　された。

　　・四つ切り画用紙というサイズが小さく，絵を思う存分描けない児童がい

第8章　絵譜で描く音楽

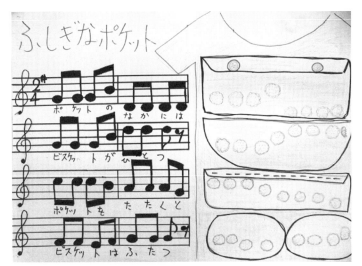

図8-7　小学6年男子児童が描いた絵譜「ふしぎなポケット」（作詞：まどみちお／作曲：渡辺茂）

た。音符が多かったり，曲が長かったりした場合は画用紙を2枚つなげるなど広げてもよい。

- 音楽科と図工科のコラボ教材と位置づけて取り組んだが，評価という点でどちらに重きを置いて進めるかで難しい面がある。

（3）筆者が作成した絵譜「どんぐりころころ」

「どんぐりころころ」は日本の数ある童謡の中でも最も有名で愛唱されている曲の一つだが，残念ながら歌詞を間違って覚えて歌い続けている人が大変多く，その問題解決に一役買えればという思いもあり，この絵譜を作成した。正しい歌詞は「どんぐりころころドンブリコ　おいけにはまってさぁたいへん」だが，多くの人が「どんぐりころころ　どんぐりこ」と歌うのである。いつも「あれっ，急にスペイン人のドン・グリ子さん出てきたよ！」と笑いながら，「ここはどんぐりがドンブリコ〜とお池にはまった音なんだよ」と説明すると「そうかぁ〜」と納得するものの，そのあともう一度歌ってみても，やっぱり口をついて思わず「どんぐりこ〜」と歌ってしまう人もいる。幼少期の記憶は

図8-8 「どんぐりころころ」（作詞：青木存義／作曲：梁田貞）の絵譜と楽譜

脳裏に染みついてなかなか簡単には変えられないのだろう。

　なぜこの曲の歌詞が間違って歌われることが多いのかについて，その人がこの曲を覚えた年齢も一因となっているのだろう。おそらくこの曲は一般的には，学校教育の始まる以前の幼少期にすでに覚えて歌っていた曲である。どんぐりは，親しみやすく，手に入りやすい身近な素材である。多くの人は，子どもの

ときに，拾ったり，コマや人形を作ったり，お店屋さんごっこのお金にしたり
と，いろいろお世話になったのではないだろうか。きっとどんぐりで遊びなが
ら，近くで歌う家族や先生，友だち，あるいはテレビから聞こえる歌に耳を傾
け，聴覚だけを頼りに歌を習得したのだろう。そうだとすれば曲の冒頭に「ど
んぐりころころ」といっているのだから，そのまま続きに何の疑いもなく「ど
んぐりこ〜」と，同じようにどんぐりをくり返してしまうのもうなずける。こ
れは楽譜や文字の読めない子どもに歌を教える際の，ひとつの落とし穴といえ
るだろう。滑舌や発音が不明瞭で，言葉のもつニュアンスや歌の世界観を自身
の歌唱だけで十分表現しきることのできない指導者の場合，この"どんぐりこ
現象"はクラスに蔓延するかもしれない。

　この絵譜では，どんぐりがドンブリコと池に落ちた様子を表し，そのことを
子どもが目で確認できるよう描いた。「さぁ，たいへん」の「さぁ」という驚
嘆も，池から飛び出るどんぐりの様子で表現した。二段目ではどじょうが登場
するので，モティーフをどじょうに換え，「こんにちは」ではどじょうがおじ
ぎをしている。「いっしょにあそびましょう」では言葉どおり，どんぐりとど
じょうを合わせて配置することにした。

（4）筆者が作成した絵譜「春がきた」

　次に小学校2年の共通教材である「春がきた」の絵譜をご紹介しよう。子ど
もの歌の特徴のひとつである言葉のくり返しによって，春が来た喜びを強調し
ながら，ちょうちょが登場する。するとその声を聞いて土から出てきたばかり
のもぐらが，「どこにきた？」とキョロキョロしながら春を探すことで，問答
を表現した。そこで春の代名詞である桜とつくしが「山にきた」「里にきた」
「野にもきた」と，自らがいる場所と，そこに存在していることの喜びを高ら
かに歌い上げている。

　歌詞をみつめてそのニュアンスを読み取り，自身の中にひろがる情景や想像
の世界を絵譜として具象化する作業は，子どもたちにとっても指導者にとって
も教材を深く味わう営みとなるだろう。指導者自身が作成した作品は，子ども

図8-9 「春がきた」(作詞:高野辰之／作曲:岡野貞一)の絵譜と楽譜

たちを喜ばせ，歌の楽しさを伝えることができる。と同時にその作品は，子どもが自ら絵譜の世界にひたりながら歌う楽しさを味わうことを導くのである。

第8章　絵譜で描く音楽

5　絵譜の可能性と展望

（1）子どもの絵を使用した大型絵譜の可能性

　図8-10は未就園児親子のための音楽講座で使用する目的で作成した模造紙
4枚をつなげて作った大型絵譜である。来場者は100人を超える大人数のため，
遠くからでも見えるようにとびきり大きく，長い絵譜を作った。これは「ぞう
さん」の絵譜で，モティーフは幼稚園児が描いた一頭のぞうさんの絵を，カ
ラーコピーし，ぞうのサイズを四分音符用，八分音符用と大きさを調節しなが
らはりつけている。この歌は前半部分と後半部分が問答になっているので，背
景の色を塗り分け，コピーの反転技術を駆使してモティーフの向きを変え，会
話しているように見立てた。本来は人間の子どもとぞうさんとの問答の歌なの
で，図8-11のようなモティーフで描く方がよいだろう。来場してくれた親子
が手元で楽しんでもらえるよう，配布した絵譜の冊子には，図8-11のような
モティーフを描いて渡した。

　最初に見せた大型絵譜は子どもたちだけでなく，保護者の方も驚きと興味を
示し，絵譜のそばに寄ってきて眺める親子の姿もみられた。この絵譜を用いて，
一斉に歌の説明や指導をしながら，とても大きな声で歌うことができた。その
あと，「ご自宅でも歌ってあげてくださいね」と冊子の絵譜を配ると，子ども
たちは保護者の手元をのぞき込み，保護者は優しく子どもに語りかけるように
モティーフを指さしながら歌う様子がみてとれた。絵譜によって親が子に心を
込めて歌いかけるという，子育て期のかけがえのない営みを助長することがで
きた。ほほえましい光景であった。

（2）絵譜の展望

　保育現場では，よく園児の描く絵が壁一面に貼ってあるが，貼り方やサイズ，
モティーフなどを工夫することで，そのクラス独自の素敵な絵譜ができるので
はないかと考えている。子どもの絵を生かした絵譜ができ，それをもとに歌が

109

図8-10　子どもの絵を使用した大型絵譜「ぞうさん」（作詞：まどみちお／作曲：團伊玖磨）

図8-11　筆者の絵で作成した絵譜「ぞうさん」（抜粋）

歌えるとなれば，子どもは間違いなく興味をもって歌い出すに違いないだろう。

　五線譜上に記された抽象化された音楽を可視化する絵譜は，能動的に歌う姿勢を育むために必要な教材としての条件を備えている。そこでは歌詞という言葉からだけでは，歌の世界を想像することが困難な子どもたちが，絵譜によって五線譜では得られない"見ながら歌う楽しみ"を味わうことになる。また，歌の世界を彼らなりに理解し，自らモティーフにかかわりながら能動的に歌う姿もみられることだろう。音楽を聴覚だけでなく，視覚で味わうことのできる絵譜の特性を，改めて再評価すべきだろう。

　昨今のデジタル技術の進歩や普及と関連して，絵譜の手法に基づいた電子黒板やipadを用いた新しい活用手段の開発にも期待がもてる。例えば従来のグリューガーの絵本の中では動かせなかった音のモティーフが，デジタル化することによってアニメーションとして動かすことができるのである。また，モティーフに触れることによって音が鳴り，その配置を変えると旋律が変わって

いくことで，視覚と聴覚を連動させながら音楽のしくみを確かめることもできるだろう。そうなれば今以上に幼児の感性に訴え，興味の喚起を促すことを可能にすることも予想される。幼少期の音楽教育における絵譜の可能性を，今後も様々な実践研究や，先行研究の分析をとおして抽出していきたい。

　また，子どものニーズに応えた楽譜の開発は，ひいては子どものみならず，聴覚障害者や高齢者を含むすべての人の歌唱活動を支えるユニバーサルデザインとしての存在意義をも高めていくことが考えられよう。

　生涯をとおして歌を楽しむための一つのヒントを，絵譜が私たちに与えてくれるかもしれない。

引用文献

Jörg, Jewanski (2017) "Bildernoten als Bilderbuch," Lars, Oberhaus, Mareile, Oetken eds., *Falbe, Klang, Reim, Rhythmus*, Bielefeld : Transcript Verlag, pp. 257-291.

Heribert, Grüger. (1927) "Gemalte Musik," *Die Neue Zeitschrift für Musik*, 94, H1, pp. 33-34.

Heribert, Grüger und Johannes, Grüger (1927) *Liederfibel*, Breslau. (c) S. Fischer Verlag GmbH, 2018 first published in German in 1927.

Heribert, Grüger und Johannes, Grüger (1968) *Die Liederfibel*, Schwann-Verlag.

臼井奈緒（2017）「保育者養成校における『絵譜』の作成の試みと有用性に関する研究」『湊川短期大学紀要』第53集，1 - 6 頁。

臼井奈緒・高見仁志（2018）「絵譜の源流をたどる——Grüger ドイツ歌曲集 "Liederfibel" の日本への受容」『音楽学習研究』第13号，11-20頁。

長谷川恭子（2014）「戦後の小学校音楽科教育における『絵譜』の変遷について」『実践女子大学生活科学部紀要』第51号，57-65頁。

文部科学省（2017）小学校学習指導要領音楽編

【教科書】

文部省（1947）『一ねんせいのおんがく』

───　学習の課題　───

(1)　あなたが好きな曲の絵譜を作成してみよう。その活動からあなた自身が感じたことや気付いたことをまとめてみよう。

(2) あなたが絵譜を用いて子どもたちに音楽指導することを想定し，有効な活用方法と指導方法を検討してみよう。

【さらに学びたい人のための図書】

Heribert, Grüger und Johannes, Grüger (2010) *Die große goldene Liederfibel*, Sauerländer.
　　⇨グリューガーの絵譜が70曲納められた2枚の CD 付きの歌曲集。ドイツやヨーロッパの民謡を中心に，多くのグリューガーの絵譜を音楽とともに包括的にみることができる。

Sophie Schmid (2009) *Die Freche Liederfibel*, Sauerländer.
　　⇨グリューガーの手法で描かれた Sophie Schmid の絵による絵譜歌曲集。選曲，イラストともに現代の趣向を取り入れた新しい時代の絵譜が掲載されている。

（臼井奈緒）

第9章 保幼小をつなぐ音楽教育
——保育者・教師の働きかけに着目して

この章で学ぶこと

本章では，音楽表現の活動における幼児期の「無自覚な学び」と，児童期の「自覚的な学び」を保障するため，保幼小接続期において保育者と小学校教師は働きかけをどのように違えればよいのかに関して考察することを目的とする。あわせて，そのような学びや働きかけの違いを円滑に連携させるには，保育者と小学校教師の間にどのような認識が必要となるのか，ということについても論究する。

小学校音楽科に設けられている［共通事項］に焦点を当て，音楽の表現や理解が発達段階に応じて深められるような縦断的教育実践の創造を目指すものである。

本章では小学校学習指導要領音楽にある［共通事項］に示された「拍」を例にあげる。実際の保育・授業例を示し，小学校学習指導要領，幼稚園教育要領，保育所保育指針，幼保連携型認定こども園教育・保育要領を詳解することによって，幼児への働きかけと児童へのそれとの違いについて考察する。この考察を基盤として，円滑な連携を目指すための保育者と小学校教師の認識に関して検討を試みる。

1 保育者・小学校教師の働きかけの基盤

保育者の働きかけの基盤となる考え方を示す。平成29年版幼稚園教育要領，保育所保育指針，幼保連携型認定こども園教育・保育要領を整理した結果，保育者の働きかけの基盤となる考え方として，次の3点を設定した。

ⅰ）心ゆくまで対象と関わることを楽しめるようにすること（没頭の保障）。

ⅱ）他の幼児や保育者と音楽の楽しさを共有できるようにすること。

113

ⅲ）幼児が表現する姿を見守り，共感し受容することで表現する喜びを味わわせること。

　一方，小学校教師の働きかけの基盤を導くため，平成29年版小学校学習指導要領音楽に示された共通事項をあげる。

〔共通事項〕
「A表現」及び「B鑑賞」の指導を通して，次の事項を身に付けることができるよう指導する。
　　ア　音楽を形づくっている要素を聴き取り，それらの働きが生み出すよさや面白さ，美しさを感じ取りながら，聴き取ったことと感じ取ったこととの関わりについて考えること。
　　イ　音楽を形づくっている要素及びそれらに関わる身近な音符，休符，記号や用語について，音楽における働きと関わらせて理解すること。

　上記，音楽を形づくっている要素に関しては，次のア，イから適切に選択したり関連付けたりして指導するよう説明されている。

ア　音楽を特徴付けている要素
　音色，リズム，速度，旋律，強弱，音の重なり，和音の響き，音階，調，拍，フレーズなど
イ　音楽の仕組み
　反復，呼びかけとこたえ，変化，音楽の縦と横との関係など

　ここでは，保幼小連携の観点から第1学年及び第2学年の共通事項の指導をとりあげる。共通事項のような教育内容に基づいて，小学校教師は働きかけを構築するのである。

---

［2］　保育と音楽科授業の実際

　前述した共通事項に示された「拍」に関する保育と音楽科授業を想定し，ねらいと目標の一つの例を次のように設定することとした。

【保育のねらい】（一例）

「拍にのってすすんでお手合わせをし，音楽に合わせて友だちと関わることを楽しむ」。

【音楽科授業の目標】（一例）

「音楽を聴いたり歌ったり体を動かしたりしながら，拍にのるおもしろさに気付いている」。

教材は「あんたがたどこさ」で，歌詞中にある「さ」のところで，二人組になった友だちとパチンと両方の手のひらを合わせるといった遊びである。保育でも音楽科授業でも基本的には同じようにして遊ぶ（歌詞参照）。

> **あんたがたどこさ（わらべうた）**
>
> あんたがたどこさ　ひごさ
> ひごどこさ　くまもとさ
> くまもとどこさ　せんばさ
> せんばやまには　たぬきがおってさ
> それをりょうしが　てっぽうでうってさ
> にてさ　やいてさ　くってさ　うまさでさっさ

3　連携をめざした働きかけと認識

（1）保育者と小学校教師の働きかけの違い

① 保育者の働きかけの例

ⅰ）活動に対して幼児が没頭できる状況をつくるため，より盛り上がる遊び方を提示する（♪それを木の葉でちょっとかぶせ♪　ではなく，♪うまさでさっさ♪というように，「さ」を最後に頻出させる）。

ⅱ）他の幼児や保育者と音楽の楽しさを共有できるように，人数を変化させる（一人遊び〜多人数遊び）。

ⅲ）幼児が，「ぼくらもっと速くやってみるよ」などと，「拍」よりも「速度」に強くこだわるといったような活動，つまり，ねらいとは別の「音楽を特徴づけている要素」に傾倒した活動に終始したとしても，それを受容し共感し，保育者の意図のみを優先した強引な軌道修正を行わない。

　以上のような働きかけが例としてあげられよう。ただし，この例はそれぞれが緊密に関連していることを確認しておきたい。たとえば，ⅱ）の人数を変化させることはⅰ）で述べた活動に対する没頭を保障する働きかけであるとも考えられ，それぞれが線引きの難しい状態で関連付いていることに気づかされる。

② 小学校教師の働きかけの例
　ⅰ）その授業で扱う共通事項に示された内容がすべての児童に意識され，行動が自覚化されるような働きかけをすることが望まれる。一例として，「指導と評価の一体化・指導的評価」を取り上げて解説する。
　教師のねらい通りに動かない児童も多数存在するのが，現実の授業というものである。この例でいうと「さ」の部分だけ唐突に動かし，拍にのれない児童も見受けられることであろう。そのような児童を指導するために教師は，「拍にのっている児童」，つまり目標に即した活動をしている児童を見つけて，評価の言葉をかけるといった指導をすることがある。望ましい活動をしている児童を見つけて評価することで，直接は指示せずとも「『さ』ではないところも拍にのってごらん」と，他の児童へ指導しているのと同じ効果をねらっている。また，ほめられた児童は，さらに拍にのるようになるであろう。
　以上の例のように小学校では，目標に即した価値ある状態を示すような働きかけが必要となる。このような指導性の強い教師の働きかけは教授行為と呼ばれ，この営みがあるからこそ，児童は教材を通して教育内容へ迫ることができるのである。
　ⅱ）その授業で扱う共通事項に示された内容に焦点化した働きかけをする。
　小学校では共通事項に示された内容は教育内容として取り扱われ，その授業

第9章　保幼小をつなぐ音楽教育

の核に据えられるといったケースも存在する。したがって，その授業における教育内容としてとりあげられている一つの（複数の）共通事項に示された内容から活動が大きく逸脱したような場合，児童のこだわりや意欲を認めつつも軌道修正し，焦点化をはかることが重要となろう。

　このことは，授業とは教育内容を学習者に教える営みであるという論理を基盤としており音楽科が教科学習として成立するか否かの鍵を握る考え方であるといえよう。

（2）円滑な連携に向けた保育者と小学校教師の認識

　保育者の認識で重要となるのは次の二点だと考えられる。

- 幼児は共通事項に示された内容に対して無自覚であっても，保育者は自覚し小学校音楽科授業を意識しておく必要がある。
- 小学校教師の働きかけとして提示した例を，幼児に対して絶対行ってはいけないということはない。ただし，小学校での学びを把握し，幼児期にこそ必要な教育内容を検討することを忘れてはいけない。

小学校教師の認識で重要となるのは次の二点であろう。

- 前述した保育者の働きかけの例は，楽しい活動を保障する点から，小学校音楽科授業にも取り入れる必要がある。
- 目標からの逸脱に対する軌道修正は，児童のこだわりを教師が受容し共感したうえで行うことが重要であるといえよう。目標に関する教育内容に無理に引き戻さず，活動を見守るといった支援も時には必要であろう。いくら教科学習とはいえ，教師の設定したレール上を歩かせるだけの指導過剰が児童の意欲をうばい去る，という事態に陥るのであれば，それは本末転倒と言わざるを得ない。

学習の課題

(1)　幼児期のアプローチ・プログラムについて，音楽活動の観点から整理してみよう。

(2) 児童期のスタート・カリキュラムについて，音楽科授業の観点から整理してみ
よう。

【さらに学びたい人のための図書】

木村吉彦（2016）『育ちと学びをつなぐ「幼保小連携教育」の挑戦　実践接続期カリ
キュラム──長野県茅野市発』ぎょうせい。
　⇨子どもたちの学びを重んじたカリキュラムに基づいて，幼保小の接続を連続さ
せた教育改革の試みの実践報告である。

汐見稔幸（2017）『さあ，子どもたちの「未来」を話しませんか──2017年告示　新
指針・要領からのメッセージ』小学館。
　⇨「保育所保育指針」「幼稚園教育要領」「幼保連携型認定こども園教育・保育要
領」の改定に関して，わかりやすく解説されている。

（高見仁志）

第10章 音楽科における教師の成長
——新人期に着目して

この章で学ぶこと

　多くの新人教師（本論では，未知の現実に初めて接する1年目教師とする）は，教育現場で様々な困難に遭遇し，理想としていた音楽の授業を展開することができず，「リアリティ・ショック」（夢に描いていた教育現場と現実のそれとのギャップの大きさによる衝撃）を受けるといわれている。しかしながら，新人教師はそのようなネガティブな体験だけをするのではない。リアリティ・ショックを克服し力量を備え，大きく成長していく者が多数存在していることもまた，たのもしい事実である。ただ最近では，「職員室はどうやら新人も，中堅も，年配も思いや悩みをなかなか打ち明けられない場所になっている」（村山・氏岡，2005，11頁）ことが指摘されており，新人教師が同僚の教師にアドバイスをもらえる機会が減ってきているのが現状である。このような状況を踏まえる時，音楽科においても新人教師が力量形成するための支援策を提示することが，緊要な課題として求められていることが分かる。

　そこで本章では，小学校音楽科において新人教師が様々な困難を克服して力量形成する事例をあげ，それを基にして教師力アップのヒントを紹介する。

1 新人教師はどのような困難に遭遇しそれを克服しているのか

（1）遭遇する困難の分類

　筆者は以前，3名の新人教師（3名とも教壇に立って12か月目の教師。教師A：2年生の学級担任で音楽科授業も担当。教師B：2年生〜6年生を担当する音楽専科。

教師C：全学年を担当する音楽専科）にインタビューし，彼らがどのような困難に遭遇しているかを調査した。その結果，小学校音楽科で新人教師が遭遇する困難として，以下のようなものが浮かび上がってきた。

A：教材選定に関する困難：教育目標に迫るにはどのような曲を選定するとよいのかわからないなど，主に曲の選定に関する困難

B：子どもの状況が予想と違う・読めないという困難：子どもの状況を予想・把握できない，想定外の子どもの状況に困惑するなどの困難

C：音楽の指導法を知らないことに起因する困難：リコーダーのタンギングの指導法，裏拍のとらせ方など，音楽の指導法に関する知見・技術の不足に起因する困難

D：授業の進め方に関する困難：授業の最初に既習曲を歌って導入とするのか否か，鍵盤ハーモニカの個別指導と全体指導の時間的バランスをどうするのかなど，授業の進め方のバリエーションの確立に関する困難

E：自己の音楽的能力に関する困難：うまくピアノ伴奏できないなどの自己の音楽的能力に関する困難

F：自己の授業のあり方に迷うといった困難：自己の授業は何に主眼をおいてどのようにありたいのかといった迷い，授業のクオリティーに対する反省など，自己の音楽科授業に対するとまどいに起因する困難

G：障害児への指導に関する困難：立ち歩く，勝手に楽器をならすなどの障害児への対応が分からないといった困難

H：評価に関する困難：評価規準が曖昧でどのように評価してよいのかわからないといった困難

　ここに示した困難は，新人期に陥りやすい傾向として認識すべきである。ただしA〜Hの困難すべてに，3名とも共通して遭遇したのではない。3名が共通して遭遇した困難は，「B：子どもの状況が予想と違う・読めないという困難」「D：授業の進め方に関する困難」「F：自己の授業のあり方に迷うといった困難」の3つであった*。そこで，これら3つの困難に焦点を当てて，3名の

第10章　音楽科における教師の成長

発話を提示しながら詳細を見ていくこととする。

　　＊「B：子どもの状況が予想と違う・読めないという困難」「D：授業の進め方に
　　関する困難」は，ケーガンが40件の研究をレビューして提唱した「初任教師の特
　　徴」（Kagan, 1992, 129-169）と，佐藤が示した「初任教師の抱える問題点」（佐藤，
　　1989，178-180頁）を基盤に，吉崎が指摘した「新人教師の困難」（吉崎，1997，
　　24-29頁）と合致している。したがってこの２つの困難は，音楽科においても新人
　　教師が避けては通れないものと捉えて間違いはないであろう。また，「F：自己の
　　授業のあり方に迷うといった困難」は，先行研究との合致に関しては不明だが，立
　　場の違う３名の教師が，今回の調査において共通して遭遇したと述べているために，
　　ここでは取り上げることとした。

（2）困難の実際と克服する営み：事例を通して

　ここでは，インタビューに対する発話内容を提示し事例を紹介する。発話を
「　」で示し，意味の分かりにくい箇所には（　）で筆者が補足説明を加えた。

① 「子どもの状況が予想と違う・読めないという困難」を克服した事例

　子どもの状況が予想と違う・読めないという困難について，教師Cは次のよ
うに述べている。

　　　　「とくに１学期間は，（楽器演奏に関して子どもが）ああもうこれくらいで
　　　できたんだ（演奏できるようになったんだ）と思ったら次の瞬間には，でき
　　　なくなっていたり，私の予測とはだいぶ違ったってところがあって……。」

　教師Cは，子どもの音楽的な能力や発達がことごとく自分の予想と違ってい
て，できることが毎時間あるいは瞬間ごとに変わることにとまどい，状況把握
をするのにとても困ったそうである。とりわけ技術指導の多い音楽科において，
子どもが今何をしたいと思っているのか，どこでつまずいているのか，といっ
た状況を教師自身が把握できないことは，的確な教授行為[*]を生み出せないとい
う問題にもつながっており軽視することはできない。

121

＊「教授行為」とは，藤岡によって次のように定義されている。「発問，指示，説明から始まって，教具の提示や子どもの討論の組織におよぶ，現実に子どもと向き合う場面での，先生の子どもに対する多様な働きかけとその組み合わせのことである」（藤岡，1987，178-179頁）。

このような状況把握の困難に関して，木原は次のように述べている。

　　「目の前の子どもの意欲や理解の状況を把握して即時に適切な意思決定をする柔軟で個性的な教授行為が，初任教師の達成困難な課題とされている。」
　　　　　　　　　　　　　　　　　　　　　　　　　　　（木原，2007，34頁）

　木原の指摘する「初任教師の状況把握や意思決定における困難」に関しては，筆者らも過去の研究（竹内・高見，2004）において指摘してきたが，教師Cの事例もそれに当てはまるものといえよう。
　それでは教師Cは，どのようにしてその困難を克服しようとしたのだろうか。教師Cは，小学生の実態に関してあまりにも無知であったことが困難の生じた原因であると反省し，子どもを知ろうと努力した。授業中は，子どもがどこまでの技術を身につけているのかを個別に確認し，その状況把握に努めたそうである。また，授業前後にも子どもと頻繁に会話をし，彼らの好きな音楽のジャンルやピアノなどの音楽経験にもアンテナをはるように心がけた。このような営みの中で，子どもの能力や発達を授業中あるいは日常的に把握しようとする教師の姿勢こそが，音楽科授業を支える生命線であることに気づいたという。
　別の事例を紹介したい。教師Bは次のように述べている。

　　「（子どもたちは）もう平気で楽譜破りますね。これに関してはもう正直，もうなんか，あきれてしまうぐらい……。楽器も傷だらけですし，木琴なんかガンガンガンガンしますし……。」

　音楽に向き合う上で，楽器や楽譜を大切にすることを当然のこととして行っ

てきた教師Bは，子どもの乱暴な振る舞いが信じられなかったのである。教師
の抱いていた理想とかけ離れた子どもの実態に，とまどいを覚えている様子が
うかがい知れる。

このことに関して，佐藤は次のように述べている。

> 「自分と同質の文化集団の範疇で育ってきた若い教師は，学校文化に反
> 抗的な子どもたちと対面したとたん，なすすべもなく殻を閉ざして，子ど
> もたちとの共通の接点を失ってしまうのだろう。」（佐藤，1989，175-176頁）
>
> （傍点筆者，筆者要約）

子どもと教師が心を開き合って活動することがきわめて重要となる音楽科授
業において，子どもとの接点を失うことは教師にとって致命的ともいえること
であろう。しかし教師Bは，佐藤の指摘のような状況に陥ることなく困難を克
服しようとした。彼は殻を閉ざしてしまうのではなく，子どもたちに真正面か
ら向き合い，自ら楽譜を大切に扱い愛着をもって使う姿を見せ続けた。すなわ
ち，好ましくない子どもの実態を絶対に認めず，そこから目をそむけず，矯正
するべく身をもって指導を続けたのである。その一方で教師Bは，「教科書に
掲載されているような曲を好まない」という自己と異質な子どもの実態はあっ
さり認めてもいる。このクラスの子どもは，Ｊポップやロックなどを好む者が
多く，あるプロ野球チームの応援歌をどなるように歌って盛り上がり，教師B
の提示する教科書の曲にはまったく興味を示さなかったという。このような状
況で，教師Bは子どもの好みの音楽を認めつつ，自己の提示する教科書の曲に
も興味をもたせるために，次のような取り組みをした。教師Bの言葉を続けて
引く。

> 「子どもの前で，彼らの好きなドラムをたたいたんです。すると子ども
> が，『へぇー』という感じで……。また，子どもの好きなあらゆるジャン
> ルの CD を音楽室において，いろんな機会にかけました。子どもが『こ

の先生，自分たちの好きな音楽を理解してくれる。よしそれなら，先生が薦める音楽でも授業を受けようか』といった気持ちになってくれて。」

（筆者要約）

この取り組みから教師Bは，「子どもの音楽を理解しようとすることは，子どもが教師の提示する音楽で授業を受けようとする態度に結実する」ということに気づいたという。あわせて教師Bは，この2つの例にあるように，子どもの実態として認めないことと認めることの見きわめの重要さを思い知ったのである。

② 「授業の進め方に関する困難」を克服しようとした事例
　教師Aは，次のように述べている。

　「実際，教育実習いった時も国語，算数とか（の授業）は観せてもらう機会がすごくあったけど，音楽っていうのは観てないなと思って……。実際自分がやるとなって，一体どういう流れで進んでいくんやろうと（思った）。45分の流れってどんなんかなぁと……。はじめ悩みました。」

　筆者の経験からも，教育実習において観察できる授業や実習生に課せられる研究授業の教科は，国語科，算数科が多く，音楽科であることが少ないということは，うなずける事実といってよい。これは，音楽科の時数が少ないことや，得意として実践できる教師の数が少ないことに起因すると考えられる。
　そこで教師Aは，4月当初から同僚の授業をたくさん観たという。観るだけでなく，数多くの質問を投げかけアドバイスも受けている。そして，同僚の様々な授業の流し方を追試し試行錯誤した末，自分のクラスの実態に合う方法を残していった。そうすると，3学期頃には，ある程度の授業の流れがつかめたという。また，音楽科という教科の特質上，授業では先輩教師それぞれのやり方や雰囲気が大きく異なっていたために，自身の個性やカラーを出して実践

第10章　音楽科における教師の成長

すればよいことに気づいたという。

　別の事例として，教師Cは次のように述べている。

　　　「音楽だから，感性豊かに子どもに任せて自由に発言させようとしたら，
　　とめどなく発言が続き，悪ふざけする子や聴いていない子が現れたり，け
　　じめのない授業になってきた。発言だけでなく歌でも同様の現象が起こ
　　る。」
　　　　　　　　　　　　　　　　　　　　　　　　　　　　　　（筆者要約）

　この発話で教師Cは，「授業ルーチン*」の確立が困難であることを問題にし
ている。授業ルーチンを確立するには，ある程度の経験と力量が要求されるの
で，新人教師にとってそれが困難であることは，至極当然のこととして捉える
ことができよう。

　　「授業ルーチン」とは，吉崎によって次のように定義されている。「授業ルーチンと
　は，授業が持つ認知的複雑さを軽減するために，教師と子どもとの間で約束され，
　定型化された一連の教室行動のことである」。教育現場では，授業ルーチンを「学
　習ルール」と呼ぶことも多くある。吉崎は授業ルーチンを確立することが新人教師
　にとっての発達課題であるとし，教科ごとの授業の進め方を確立することの重要性
　を提唱している。しかしながら，それが紋切り型でパターン化されすぎないように
　バリエーションをつけることも重要であるとしている（吉崎，1997，25-29頁）。

　そこで教師Cは，音楽科特有の聴く態度，発言の仕方といった側面から授業
ルーチンの確立に努めた。授業ルーチンの確立と共に，子どもに自由に任せる
ところと教師がリードして指導するところのちょうどよいバランスを意識する
ようになったという。

③　「自己の授業のあり方に迷うといった困難」を克服しようとした事例
　自己の授業のあり方に関して，教師Bは次のように述べている。

　　　「楽しさを第一に考え，毎時間爆笑が起こるような音楽ショウのような

授業になってしまっていた。授業のねらいに到達するよりも『あー楽しかった』だけで終わってしまっていて，これは Funny であって Interesting になっていないのでは，と悩むようになった。」

　以上の発話から，教師Bは，「授業のねらいに迫り，その内容や技能を習得させること」と「音楽の楽しさを味わわせること」の2点を1時間の授業に同時に盛り込むことの難しさに悩んでいることが理解できる。このように，楽しみながら，かつ音楽科のねらいや内容に迫り技能を習得させていくことの難しさに，1年目の時点から気づき始める教師も多い。

　そこで教師Bは，自己の教材研究不足をその原因と捉え，楽しい授業の中にワークシートなどを導入し，ねらいにも迫れるような工夫をした。そのような取り組みの中で，ねらいはもちつつも強制せず，楽しく多様な音楽を認め合えるような授業の大切さに気づくようになったという。

　別の事例として，教師Aは次のように述べている。

　　　「楽しんではいるけど，音楽的技能や内容を身につけさせる授業になっているのか，と迷う。」

　教師Aは，いまだに楽しいだけの音楽科授業になってしまっているという。そして，乗り越えるための方法については模索中だそうである。これは当然のことといえよう。なぜなら，この困難は，音楽科に携わる全教師の永遠の課題であると考えられるからである。模索中であったとしても，教師Aが自らの授業のあり方を問い続けている姿にこそ，成長の鍵が隠されているのであろう。

2 音楽科における教師力アップのためのヒント

　ここでは，先に紹介した事例から得られる示唆を基にして，「音楽科における教師力アップのためのヒント」を6点紹介したい。

第10章　音楽科における教師の成長

（1）「子どもの状況把握に基づいた教授行為の重要性を認識する」

　目の前の子どもの状況を把握して，それに適した教授行為を即時に生み出すことはとても重要なことである。とりわけ音楽科では，「どこまで技術が定着したかを判断する瞬間的な音の聴き分け」，「子どもが活動に対して心を開き没頭しているか否かといった洞察」，「子どもの歌う（演奏する）姿勢，表情など，身体的所作の見きわめ」など，多様な鑑識力が教師に要求される。そのために，刻々と変化する子どもの瞬間的な状況を1つたりとも見逃すまいとする姿勢が重要となる。すなわち，授業を進めながらも子どもの状況の細部までを捉えられるような，いわば観察者としての授業者になれるような訓練を積むことが大切であろう。この前提として，子ども全員の音楽的能力，興味・関心の対象など，多くの情報を事前に把握しておくことも重要となる。

（2）「理想とかけ離れた子どもの実態・自己と異質な子どもの実態に遭遇した 時，『認めないこと』『認めること』の瞬間的な見きわめを大切にする」

　リコーダーで楽器をたたく，楽譜を破るなどの子どもの実態をキャッチした時は，当然ながらそれを認めることはできない。たとえ長い時間がかかろうと，指導し改善させていく必要がある。一方で，「教科書に掲載されているような曲を好まない」というような子どもの実態が，たとえ自己（教師）と異質なものであったとしても，それは認めていく必要があろう。なぜなら，音楽には様々なジャンル，スタイルが存在し，それに対する嗜好，価値観なども人それぞれ千差万別であるからである。その上で，教科書の曲にも興味を持たせるよう指導を重ねることが重要であろう。

　この2つの例のように，子どもの実態として認めることと，認めないことの境界線を明確にしておくことがきわめて重要といえる。新人教師はこの境界線が不明確であったり，ぶれたりするので失敗をすることが多いのである。自由で多様性を孕む音楽を扱う授業ゆえに，子どもは多様な実態を教師にさらけ出してくる。そこで大切なことは，教師が子どもの実態に対して心を閉ざすことなく，その本質を見きわめ，ぶれないものさしに照らし合わせて判断しようと

する姿勢であるといってよい。

（3）「メンターを活用して『授業の進め方』を試行錯誤する」

　メンターとは「経験を積んだ専門家」のことで，新人教師にとっては先輩の同僚，指導教員らを指す（「メンター」に関しては，木原の論文（木原，2007）に詳しく記載されている）。教師Aのように，メンターである同僚の教師に質問して自己の授業の流れを模索することは，成長のための大きな糧となる。

　しかしながら，筆者の知る多くの教師は，「音楽科は授業展開についてアドバイスできる教師が少ない教科である」ことを指摘している。さらに，教師Aは「音楽科は，国語科，算数科に比べ教育内容，指導方法が校内の全教師に意識されていないような気がする。できなくてもいいような雰囲気もある（筆者要約）」と述べている。

　このような指摘を踏まえると，① 校内のすべての教師が音楽科の存在意義を再確認すること，② 校外にもメンターを求めること，の2点に配慮して新人教師の力量形成を図る必要があるといってよいだろう。

（4）「音楽科特有の授業ルーチンを模索する」

　今回調査した新人教師がいうように，音楽科は授業を成立させることが難しい教科である。授業ルーチンの側面から考えてもそれは明らかといえよう。たとえば，授業中教師は「音を出して表現する時」と「音を出さずに聴く時」の切り替えを，子どもに何度も要求する。しかもこの切り替えは，威圧的でなく明るい雰囲気を伴うものでなければ，楽しい音楽科授業など到底望むことはできない。このような切り替え，すなわち授業ルーチンの確立には高度な力量が要求され，新人教師にはきわめて難しいことであろう。

　このことに関して，緒方は次のように述べている。

　　「音楽科の授業は，他教科と比して，授業の成立という点において非常
　　に脆弱な性質を有しています」

第10章　音楽科における教師の成長

　「経験の浅い教師の場合には，自立しきれていない多数の子どもを抱え
ながら，全員いっせいに歌わせたり，聴かせたりすることは容易なことで
はありません」

　「さらに難しいことは，音楽科授業では和やかで豊かな音楽教室の雰囲
気や学習活動も求められるので，教師が威圧的嫌悪的な手法だけによって
短絡的に授業を営むことは極力避けなければなりません。」

(緒方，2009，105頁)

　緒方の指摘は，音楽科において授業を展開させる難しさを物語っている。新
人教師は，子どものノリのよさや和やかな雰囲気，ワンパターンに陥らないバ
リエーションなどを保ちつつも，授業にけじめや切り替えを生じさせるといっ
た，音楽科特有の授業ルーチンを常に模索する必要がある。

（5）「自己の音楽科授業のあり方を省察し続ける」

　今回紹介した教師は3名とも，楽しみながらかつ音楽科のねらいや内容に迫
り技能を習得させていくことの難しさに，1年目の時点から気づき始めていた。
3名とも自らの音楽科授業を省察することによって，そのあり方に疑問を抱き
どのように改善すればよいのか試行錯誤を繰り返したのである。このように新
人教師にとっては，「刹那に興味・関心をひくだけの短絡的な楽しさ」と「技
能や感性の高まりに伴う実のある楽しさ」の違いを中心にして，自らの授業を
省察する姿勢が重要であるといっても過言ではない。

　また，このような「自己の音楽科授業のあり方に対する考え方」は，「音楽
科授業観」と呼ぶことも可能であろう。先にも述べたが，「音楽科授業観」の
模索は新人教師に限ったものではなく，すべての世代の教師にも当てはまる
「永遠のテーマ」なのではないだろうか。

（6）「『困難』を『成長のためのレッスン』と捉える」

　ここまで，新人教師の遭遇する「困難」とか「リアリティ・ショック」と

いったネガティブな響きをもつ言葉を用いてきた。しかしながら，今回紹介した新人教師は3名ともネガティブな態度をとることなく，困難を乗り越えようと試行錯誤し，何らかの気づきを得て自らを成長させていた。このような若者たちの姿を目のあたりにするとき，遭遇する「困難」の正体は，実は「困難」などではなく，「成長のための大切なレッスン」というポジティブな営みであると確信できるのである。

　今回の3名の新人教師には，たとえ「困難」に遭遇しようとも，それを「大切なレッスン」に変換し乗り越えようとする「若さゆえのたくましさ」を感じることができた。すなわち，ここまで（1）～（5）に示した具体的な方法が成功するか否かは，「困難」を「大切なレッスン」へと変換して考えられるような，ポジティブな精神状態がその鍵を握っているのである。

引用・参考文献

緒方満（2009）「小学校音楽科教師からの幼児音楽教育への提言——音楽科教育の現状と課題を交えて」『幼児の音楽教育法——美しい歌声をめざして』ふくろう出版，102-107頁。

木原成一郎（2007）「初任者教師の抱える心配と力量形成の契機」『学びのための教師論』勁草書房，29-55頁。

佐藤学（1989）『教室からの改革——日米の現場から——』国土社.

高見仁志（2010）「音楽科授業を支える教師力アップ——新任教師のために」『小学校音楽科教育法——学力の構築をめざして』ふくろう出版，60-66頁。

高見仁志（2008）「新人教師は熟練教師の音楽科授業の『何』を観ているのか——小学校教員養成への提言」『音楽教育実践ジャーナル』5（2），63-72頁。

竹内俊一・高見仁志（2004）「音楽科教師の力量形成に関する研究——教師による『状況把握』を中心として」『兵庫教育大学研究紀要』第25巻，115-123頁。

藤岡信勝（1987）「教材を見直す」『岩波講座 教育の方法3　子どもと授業』岩波書店，178-179頁。

村山士郎・氏岡真弓（2005）『失敗だらけの新人教師』大月書店.

吉崎静夫（1997）『デザイナーとしての教師，アクターとしての教師』金子書房.

Kagan, D. M. (1992) "Professional growth among preservice and beginning teachers," *Review of Educational Research*, 62(2), 129-169.

第10章　音楽科における教師の成長

―― 学習の課題 ―――――――――――――――――――――

(1)　本章における教師力アップの方法を実践的に解釈し整理しておこう。

(2)　次の言葉の意味を理解し整理しておこう。
　　「授業ルーチン」「観察者としての授業者」「成長のための大切なレッスン」

【さらに学びたい人のための図書】

高見仁志（2014）『音楽科における教師の力量形成』ミネルヴァ書房。
　　　⇨授業の成立という点で脆弱性を有する「音楽科」において，教師が困難を克服
　　　し，力量を形成し高めていくための方策が提案されている。

高見仁志（2008）「新人教師は熟練教師の音楽科授業の『何』を観ているのか――小
　　　学校教員養成への提言」『音楽教育実践ジャーナル』5 (2)，63-72頁。
　　　⇨新人教師が現場で必要としているものを洗い出し，それを基盤に新人期の教師
　　　教育について考察された学術論文である。

（高見仁志）

第11章 共通教材と伴奏譜

<table>
<tr><td colspan="2" align="center">簡易伴奏</td><td colspan="2" align="center">通常伴奏</td></tr>
<tr><td>1</td><td>うみ</td><td>26</td><td>うみ</td></tr>
<tr><td>2</td><td>かたつむり</td><td>27</td><td>かたつむり</td></tr>
<tr><td>3</td><td>日のまる</td><td>28</td><td>日のまる</td></tr>
<tr><td>4</td><td>ひらいたひらいた</td><td>29</td><td>ひらいたひらいた</td></tr>
<tr><td>5</td><td>かくれんぼ</td><td>30</td><td>かくれんぼ</td></tr>
<tr><td>6</td><td>春がきた</td><td>31</td><td>春がきた</td></tr>
<tr><td>7</td><td>虫のこえ</td><td>32</td><td>虫のこえ</td></tr>
<tr><td>8</td><td>夕やけこやけ</td><td>33</td><td>夕やけこやけ</td></tr>
<tr><td>9</td><td>うさぎ</td><td>34</td><td>うさぎ</td></tr>
<tr><td>10</td><td>茶つみ</td><td>35</td><td>茶つみ</td></tr>
<tr><td>11</td><td>春の小川</td><td>36</td><td>春の小川</td></tr>
<tr><td>12</td><td>ふじ山</td><td>37</td><td>ふじ山</td></tr>
<tr><td>13</td><td>さくらさくら</td><td>38</td><td>さくらさくら</td></tr>
<tr><td>14</td><td>とんび</td><td>39</td><td>とんび</td></tr>
<tr><td>15</td><td>まきばの朝</td><td>40</td><td>まきばの朝</td></tr>
<tr><td>16</td><td>もみじ</td><td>41</td><td>もみじ</td></tr>
<tr><td>17</td><td>こいのぼり</td><td>42</td><td>こいのぼり</td></tr>
<tr><td>18</td><td>スキーの歌</td><td>43</td><td>スキーの歌</td></tr>
<tr><td>19</td><td>冬げしき</td><td>44</td><td>冬げしき</td></tr>
<tr><td>20</td><td>子もり歌1</td><td>45</td><td>子もり歌1</td></tr>
<tr><td>21</td><td>子もり歌2</td><td>46</td><td>子もり歌2</td></tr>
<tr><td>22</td><td>越天楽今様</td><td>47</td><td>越天楽今様</td></tr>
<tr><td>23</td><td>おぼろ月夜</td><td>48</td><td>おぼろ月夜</td></tr>
<tr><td>24</td><td>ふるさと</td><td>49</td><td>ふるさと</td></tr>
<tr><td>25</td><td>われは海の子</td><td>50</td><td>われは海の子</td></tr>
<tr><td></td><td></td><td>51</td><td>君が代</td></tr>
</table>

第11章　共通教材と伴奏譜

第1学年　共通教材　[簡易伴奏]

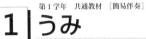
うみ

文部省唱歌　　林　柳波／作詞　井上武士／作曲　菅　裕／編曲

第1学年　共通教材　[簡易伴奏]

2 かたつむり

文部省唱歌　　菅　裕／編曲

133

第1学年　共通教材　［簡易伴奏］

3 日のまる

文部省唱歌　　高野辰之／作詞　岡野貞一／作曲　菅　　裕／編曲

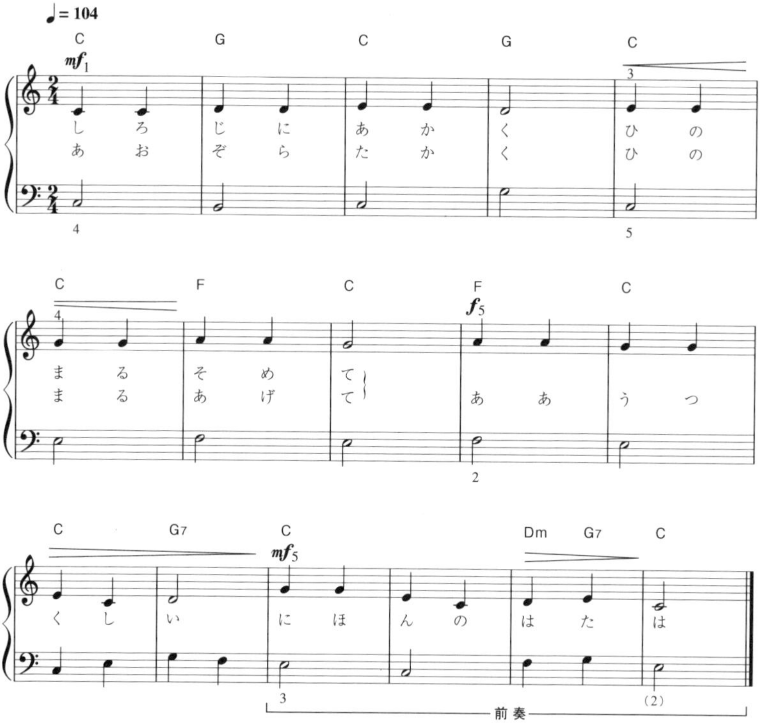

♩ = 104

し　ろ
あ　お
じ　に
ぞ　ら
あ　か
た　か
く
ひ　の
ひ　の

ま　る
ま　る
そ　あ
め　げ
て
て
あ　あ
う　つ

く　し
い
に　ほ
ん　の
は　た
は

前奏
(2)

第11章　共通教材と伴奏譜

4 ひらいたひらいた

わらべうた　菅　裕／編曲

第2学年　共通教材　[簡易伴奏]

5 かくれんぼ

文部省唱歌　　林　柳波／作詞　下総皖一／作曲　菅　裕／編曲

第11章 共通教材と伴奏譜

6 春がきた

第2学年 共通教材 ［簡易伴奏］

文部省唱歌　高野辰之／作詞　岡野貞一／作曲　菅　裕／編曲

第11章　共通教材と伴奏譜

8 夕やけこやけ

第2学年　共通教材　[簡易伴奏]

中村雨紅／作詞　草川信作／作曲　菅　裕／編曲

139

第3学年　共通教材　[簡易伴奏]

9 うさぎ

日本古謡　菅　裕／編曲

第11章 共通教材と伴奏譜

第3学年 共通教材 ［簡易伴奏］

10 茶つみ

文部省唱歌　菅　裕／編曲

11 春の小川

第3学年　共通教材　[簡易伴奏]

文部省唱歌　　高野辰之／作詞　岡野貞一／作曲　菅　裕／編曲

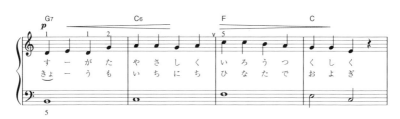
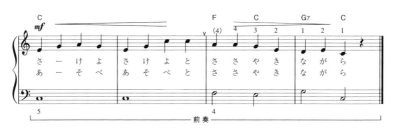

第11章 共通教材と伴奏譜

第3学年 共通教材 ［簡易伴奏］

12 ふじ山

文部省唱歌　巌谷小波／作詞　菅　裕／編曲

143

第4学年 共通教材 ［簡易伴奏］

13 さくらさくら

日本古謡　菅　裕／編曲

第11章　共通教材と伴奏譜

14 とんび

第4学年　共通教材　[簡易伴奏]

葛原しげる／作詞　梁田 貞／作曲　菅　裕／編曲

15 まきばの朝

第4学年 共通教材 [簡易伴奏]

文部省唱歌　船橋栄吉／作曲　菅　裕／編曲

第11章　共通教材と伴奏譜

第4学年　共通教材　[簡易伴奏]

16 もみじ

文部省唱歌　　高野辰之／作詞　岡野貞一／作曲　菅　裕／編曲

第11章 共通教材と伴奏譜

第5学年 共通教材 ［簡易伴奏］
18 スキーの歌
文部省唱歌　林　柳波／作詞　橋本国彦／作曲　菅　裕／編曲

第11章 共通教材と伴奏譜

第5学年 共通教材 ［簡易伴奏］
20 子もり歌1
日本古謡　菅　裕／編曲

第5学年 共通教材 ［簡易伴奏］
21 子もり歌2
日本古謡　菅　裕／編曲

151

22 越天楽今様

第6学年 共通教材 ［簡易伴奏］

日本古謡 慈鎮和尚／作歌 菅 裕／編曲

第11章 共通教材と伴奏譜

23 おぼろ月夜

第6学年 共通教材 ［簡易伴奏］

文部省唱歌　高野辰之／作詞　岡野貞一／作曲　菅　裕／編曲

第6学年 共通教材 ［簡易伴奏］

24 ふるさと

文部省唱歌　高野辰之／作詞　岡野貞一／作曲　菅　裕／編曲

第11章 共通教材と伴奏譜

第6学年 共通教材 ［簡易伴奏］
25 われは海の子
文部省唱歌　菅　裕／編曲

付記：指づかい（運指）・コードネームについて

今回，これらの簡易伴奏に指番号を付けるにあたり，
- ・指かえ・手の移動がなるべく少なくなるように
- ・重要な音に比較的強い指をあてたり，音外しのリスクが低くなるような運指を選んだりして，自信をもって弾けるように
- ・音楽的にもできるかぎり自然になるように

考慮した。

ただ，運指には唯一の正解があるわけではなく，弾く人の手の形・大きさ，また，上記のどれを優先するかによっても，ベストなパターンは変わってくる。特に好みの分かれそうな運指には（　）をつけて示したが，（　）つきの運指のある箇所のほかにも，「なんとなく弾きにくいな」と思う箇所では，各自，弾きやすい運指を検討してみてほしい。

コードネームを見て伴奏づけする場合にも，同じようなことがいえる。コードチェンジが比較的忙しい部分では，特に省略してもよいコード（直前のコードのままでよい箇所）には（　）をつけて示した。

鍵盤楽器に慣れ親しんでいる人も，そうでない人も，子どもたちの様子に目を向けながら弾ける，そして音楽としてもより魅力的に弾ける運指やコードを探究してみよう。この過程が，教師自身の教材への理解にもつながることだろう。

（簡易伴奏運指校閲：大澤智恵）

第11章 共通教材と伴奏譜

第1学年　共通教材

26 うみ

文部省唱歌　　林　柳波／作詞　井上武士／作曲

第1学年　共通教材

27 かたつむり

文部省唱歌

第11章 共通教材と伴奏譜

28 日のまる

第1学年 共通教材

文部省唱歌　高野辰之／作詞　岡野貞一／作曲

第1学年　共通教材

29 ひらいたひらいた

わらべうた　菅　裕／編曲

第11章 共通教材と伴奏譜

第2学年 共通教材
30 かくれんぼ

文部省唱歌　林　柳波／作詞　下総皖一／作曲

31 春がきた

文部省唱歌　高野辰之／作詞　岡野貞一／作曲

第11章 共通教材と伴奏譜

32 虫のこえ

第2学年 共通教材
文部省唱歌

第11章 共通教材と伴奏譜

第3学年 共通教材
34 うさぎ
日本古謡　菅　裕／編曲

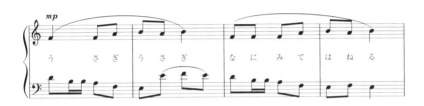

第3学年 共通教材
35 茶つみ
文部省唱歌

第11章 共通教材と伴奏譜

36 春の小川

第3学年 共通教材
文部省唱歌　高野辰之／作詞　岡野貞一／作曲

167

37 ふじ山

第3学年 共通教材
文部省唱歌　巌谷小波／作詞

第11章 共通教材と伴奏譜

38 さくらさくら

第4学年 共通教材

日本古謡　菅　裕／編曲

第4学年 共通教材

39 とんび

葛原しげる／作詞　梁田　貞／作曲　菅　裕／編曲

第11章　共通教材と伴奏譜

171

第11章 共通教材と伴奏譜

第4学年 共通教材

41 もみじ

文部省唱歌　高野辰之／作詞　岡野貞一／作曲

第11章 共通教材と伴奏譜

第5学年　共通教材
42 こいのぼり
文部省唱歌

第11章 共通教材と伴奏譜

第5学年　共通教材

44 冬げしき

文部省唱歌

第11章 共通教材と伴奏譜

179

第5学年 共通教材

45 子もり歌1

日本古謡 菅　裕／編曲

第5学年 共通教材

46 子もり歌2

日本古謡 菅　裕／編曲

第11章 共通教材と伴奏譜

47 越天楽今様

第6学年 共通教材

日本古謡 慈鎮和尚／作歌 下総皖一／編曲

181

第6学年　共通教材
48 おぼろ月夜

文部省唱歌　　高野辰之／作詞　岡野貞一／作曲

第11章 共通教材と伴奏譜

49 ふるさと

第6学年 共通教材
文部省唱歌　高野辰之／作詞　岡野貞一／作曲

第6学年　共通教材
50 われは海の子
文部省唱歌

第11章 共通教材と伴奏譜

51 君が代
古歌　林 広守／作曲

資　料

```
小学校学習指導要領
（平成29年3月）
第2章　第6節　音楽
```

第1　目　標

　表現及び鑑賞の活動を通して，音楽的な見方・考え方を働かせ，生活や社会の中の音や音楽と豊かに関わる資質・能力を次のとおり育成することを目指す。
(1)　曲想と音楽の構造などとの関わりについて理解するとともに，表したい音楽表現をするために必要な技能を身に付けるようにする。
(2)　音楽表現を工夫することや，音楽を味わって聴くことができるようにする。
(3)　音楽活動の楽しさを体験することを通して，音楽を愛好する心情と音楽に対する感性を育むとともに，音楽に親しむ態度を養い，豊かな情操を培う。

第2　各学年の目標及び内容

〔第1学年及び第2学年〕

1　目　標

(1)　曲想と音楽の構造などとの関わりについて気付くとともに，音楽表現を楽しむために必要な歌唱，器楽，音楽づくりの技能を身に付けるようにする。
(2)　音楽表現を考えて表現に対する思いをもつことや，曲や演奏の楽しさを見いだしながら音楽を味わって聴くことができるようにする。
(3)　楽しく音楽に関わり，協働して音楽活動をする楽しさを感じながら，身の回りの様々な音楽に親しむとともに，音楽経験を生かして生活を明るく潤いのあるものにしようとする態度を養う。

2　内　容

A　表　現

(1)　歌唱の活動を通して，次の事項を身に付けることができるよう指導する。

　ア　歌唱表現についての知識や技能を得たり生かしたりしながら，曲想を感じ取って表現を工夫し，どのように歌うかについて思

いをもつこと。
　イ　曲想と音楽の構造との関わり，曲想と歌詞の表す情景や気持ちとの関わりについて気付くこと。
　ウ　思いに合った表現をするために必要な次の(ｱ)から(ｳ)までの技能を身に付けること。
　　(ｱ)　範唱を聴いて歌ったり，階名で模唱したり暗唱したりする技能
　　(ｲ)　自分の歌声及び発音に気を付けて歌う技能
　　(ｳ)　互いの歌声や伴奏を聴いて，声を合わせて歌う技能

(2)　器楽の活動を通して，次の事項を身に付けることができるよう指導する。

　ア　器楽表現についての知識や技能を得たり生かしたりしながら，曲想を感じ取って表現を工夫し，どのように演奏するかについて思いをもつこと。
　イ　次の(ｱ)及び(ｲ)について気付くこと。
　　(ｱ)　曲想と音楽の構造との関わり
　　(ｲ)　楽器の音色と演奏の仕方との関わり
　ウ　思いに合った表現をするために必要な次の(ｱ)から(ｳ)までの技能を身に付けること。
　　(ｱ)　範奏を聴いたり，リズム譜などを見たりして演奏する技能
　　(ｲ)　音色に気を付けて，旋律楽器及び打楽器を演奏する技能
　　(ｳ)　互いの楽器の音や伴奏を聴いて，音を合わせて演奏する技能

(3)　音楽づくりの活動を通して，次の事項を身に付けることができるよう指導する。

　ア　音楽づくりについての知識や技能を得たり生かしたりしながら，次の(ｱ)及び(ｲ)をできるようにすること。
　　(ｱ)　音遊びを通して，音楽づくりの発想を得ること。
　　(ｲ)　どのように音を音楽にしていくかについて思いをもつこと。
　イ　次の(ｱ)及び(ｲ)について，それらが生み出す面白さなどと関わらせて気付くこと。
　　(ｱ)　声や身の回りの様々な音の特徴
　　(ｲ)　音やフレーズのつなげ方の特徴
　ウ　発想を生かした表現や，思いに合った表

現をするために必要な次の(ア)及び(イ)の技能
を身に付けること。
　　(ア)　設定した条件に基づいて，即興的に音
　　　を選んだりつなげたりして表現する技能
　　(イ)　音楽の仕組みを用いて，簡単な音楽を
　　　つくる技能
B　鑑　賞
(1)　鑑賞の活動を通して，次の事項を身に付け
ることができるよう指導する。
　ア　鑑賞についての知識を得たり生かしたり
　　しながら，曲や演奏の楽しさを見いだし，
　　曲全体を味わって聴くこと。
　イ　曲想と音楽の構造との関わりについて気
　　付くこと。
〔共通事項〕
(1)　「A表現」及び「B鑑賞」の指導を通して，
次の事項を身に付けることができるよう指導
する。
　ア　音楽を形づくっている要素を聴き取り，
　　それらの働きが生み出すよさや面白さ，美
　　しさを感じ取りながら，聴き取ったことと
　　感じ取ったこととの関わりについて考える
　　こと。
　イ　音楽を形づくっている要素及びそれらに
　　関わる身近な音符，休符，記号や用語につ
　　いて，音楽における働きと関わらせて理解
　　すること。
　3　内容の取扱い
(1)　歌唱教材は次に示すものを取り扱う。
　ア　主となる歌唱教材については，各学年と
　　もイの共通教材を含めて，斉唱及び輪唱で
　　歌う曲
　イ　共通教材
　　〔第1学年〕
　　「うみ」（文部省唱歌）林柳波（はやしりゅ
　　うは）作詞　井上武士（いのうえたけし）
　　作曲
　　「かたつむり」（文部省唱歌）
　　「日のまる」（文部省唱歌）高野辰之（たか
　　のたつゆき）作詞　岡野貞一（おかのてい
　　いち）作曲
　　「ひらいたひらいた」（わらべうた）
　　〔第2学年〕

　　「かくれんぼ」（文部省唱歌）林柳波（はや
　　しりゅうは）作詞　下総皖一（しもふさか
　　んいち）作曲
　　「春がきた」（文部省唱歌）高野辰之（たか
　　のたつゆき）作詞　岡野貞一（おかのてい
　　いち）作曲
　　「虫のこえ」（文部省唱歌）
　　「夕やけこやけ」中村雨紅（なかむらうこ
　　う）作詞　草川信（くさかわしん）作曲
(2)　主となる器楽教材については，既習の歌唱
教材を含め，主旋律に簡単なリズム伴奏や低
声部などを加えた曲を取り扱う。
(3)　鑑賞教材は次に示すものを取り扱う。
　ア　我が国及び諸外国のわらべうたや遊びう
　　た，行進曲や踊りの音楽など体を動かすこ
　　との快さを感じ取りやすい音楽，日常の生
　　活に関連して情景を思い浮かべやすい音楽
　　など，いろいろな種類の曲
　イ　音楽を形づくっている要素の働きを感じ
　　取りやすく，親しみやすい曲
　ウ　楽器の音色や人の声の特徴を捉えやすく
　　親しみやすい，いろいろな演奏形態による
　　曲
〔第3学年及び第4学年〕
　1　目　標
(1)　曲想と音楽の構造などとの関わりについて
気付くとともに，表したい音楽表現をするた
めに必要な歌唱，器楽，音楽づくりの技能を
身に付けるようにする。
(2)　音楽表現を考えて表現に対する思いや意図
をもつことや，曲や演奏のよさなどを見いだ
しながら音楽を味わって聴くことができるよ
うにする。
(3)　進んで音楽に関わり，協働して音楽活動を
する楽しさを感じながら，様々な音楽に親し
むとともに，音楽経験を生かして生活を明る
く潤いのあるものにしようとする態度を養う。
　2　内　容
A　表　現
(1)　歌唱の活動を通して，次の事項を身に付け
ることができるよう指導する。
　ア　歌唱表現についての知識や技能を得たり
　　生かしたりしながら，曲の特徴を捉えた表

現を工夫し，どのように歌うかについて思いや意図をもつこと。
イ　曲想と音楽の構造や歌詞の内容との関わりについて気付くこと。
ウ　思いや意図に合った表現をするために必要な次の㋐から㋒までの技能を身に付けること。
　㋐　範唱を聴いたり，ハ長調の楽譜を見たりして歌う技能
　㋑　呼吸及び発音の仕方に気を付けて，自然で無理のない歌い方で歌う技能
　㋒　互いの歌声や副次的な旋律，伴奏を聴いて，声を合わせて歌う技能
⑵　器楽の活動を通して，次の事項を身に付けることができるよう指導する。
ア　器楽表現についての知識や技能を得たり生かしたりしながら，曲の特徴を捉えた表現を工夫し，どのように演奏するかについて思いや意図をもつこと。
イ　次の㋐及び㋑について気付くこと。
　㋐　曲想と音楽の構造との関わり
　㋑　楽器の音色や響きと演奏の仕方との関わり
ウ　思いや意図に合った表現をするために必要な次の㋐から㋒までの技能を身に付けること。
　㋐　範奏を聴いたり，ハ長調の楽譜を見たりして演奏する技能
　㋑　音色や響きに気を付けて，旋律楽器及び打楽器を演奏する技能
　㋒　互いの楽器の音や副次的な旋律，伴奏を聴いて，音を合わせて演奏する技能
⑶　音楽づくりの活動を通して，次の事項を身に付けることができるよう指導する。
ア　音楽づくりについての知識や技能を得たり生かしたりしながら，次の㋐及び㋑をできるようにすること。
　㋐　即興的に表現することを通して，音楽づくりの発想を得ること。
　㋑　音を音楽へと構成することを通して，どのようにまとまりを意識した音楽をつくるかについて思いや意図をもつこと。
イ　次の㋐及び㋑について，それらが生み出

すよさや面白さなどと関わらせて気付くこと。
　㋐　いろいろな音の響きやそれらの組合せの特徴
　㋑　音やフレーズのつなげ方や重ね方の特徴
ウ　発想を生かした表現や，思いや意図に合った表現をするために必要な次の㋐及び㋑の技能を身に付けること。
　㋐　設定した条件に基づいて，即興的に音を選択したり組み合わせたりして表現する技能
　㋑　音楽の仕組みを用いて，音楽をつくる技能
B　鑑賞
⑴　鑑賞の活動を通して，次の事項を身に付けることができるよう指導する。
ア　鑑賞についての知識を得たり生かしたりしながら，曲や演奏のよさなどを見いだし，曲全体を味わって聴くこと。
イ　曲想及びその変化と，音楽の構造との関わりについて気付くこと。
〔共通事項〕
⑴　「A表現」及び「B鑑賞」の指導を通して，次の事項を身に付けることができるよう指導する。
ア　音楽を形づくっている要素を聴き取り，それらの働きが生み出すよさや面白さ，美しさを感じ取りながら，聴き取ったことと感じ取ったこととの関わりについて考えること。
イ　音楽を形づくっている要素及びそれらに関わる音符，休符，記号や用語について，音楽における働きと関わらせて理解すること。
3　内容の取扱い
⑴　歌唱教材は次に示すものを取り扱う。
ア　主となる歌唱教材については，各学年ともイの共通教材を含めて，斉唱及び簡単な合唱で歌う曲
イ　共通教材
〔第3学年〕
「うさぎ」（日本古謡）

189

「茶つみ」（文部省唱歌）
「春の小川」（文部省唱歌）高野辰之（たかのたつゆき）作詞　岡野貞一（おかのていいち）作曲
「ふじ山」（文部省唱歌）巌谷小波（いわやさざなみ）作詞
〔第４学年〕
「さくらさくら」（日本古謡）
「とんび」葛原（くずはら）しげる作詞　梁田貞（やなだただし）作曲
「まきばの朝」（文部省唱歌）船橋栄吉（ふなばしえいきち）作曲
「もみじ」（文部省唱歌）高野辰之（たかのたつゆき）作詞　岡野貞一（おかのていいち）作曲

(2) 主となる器楽教材については，既習の歌唱教材を含め，簡単な重奏や合奏などの曲を取り扱う。

(3) 鑑賞教材は次に示すものを取り扱う。
　ア　和楽器の音楽を含めた我が国の音楽，郷土の音楽，諸外国に伝わる民謡など生活との関わりを捉えやすい音楽，劇の音楽，人々に長く親しまれている音楽など，いろいろな種類の曲
　イ　音楽を形づくっている要素の働きを感じ取りやすく，聴く楽しさを得やすい曲
　ウ　楽器や人の声による演奏表現の違いを聴き取りやすい，独奏，重奏，独唱，重唱を含めたいろいろな演奏形態による曲

〔第５学年及び第６学年〕

１　目　標

(1) 曲想と音楽の構造などとの関わりについて理解するとともに，表したい音楽表現をするために必要な歌唱，器楽，音楽づくりの技能を身に付けるようにする。

(2) 音楽表現を考えて表現に対する思いや意図をもつことや，曲や演奏のよさなどを見いだしながら音楽を味わって聴くことができるようにする。

(3) 主体的に音楽に関わり，協働して音楽活動をする楽しさを味わいながら，様々な音楽に親しむとともに，音楽経験を生かして生活を明るく潤いのあるものにしようとする態度を

養う。

２　内　容

Ａ　表　現

(1) 歌唱の活動を通して，次の事項を身に付けることができるよう指導する。
　ア　歌唱表現についての知識や技能を得たり生かしたりしながら，曲の特徴にふさわしい表現を工夫し，どのように歌うかについて思いや意図をもつこと。
　イ　曲想と音楽の構造や歌詞の内容との関わりについて理解すること。
　ウ　思いや意図に合った表現をするために必要な次の(ｱ)から(ｳ)までの技能を身に付けること。
　　(ｱ)　範唱を聴いたり，ハ長調及びイ短調の楽譜を見たりして歌う技能
　　(ｲ)　呼吸及び発音の仕方に気を付けて，自然で無理のない，響きのある歌い方で歌う技能
　　(ｳ)　各声部の歌声や全体の響き，伴奏を聴いて，声を合わせて歌う技能

(2) 器楽の活動を通して，次の事項を身に付けることができるよう指導する。
　ア　器楽表現についての知識や技能を得たり生かしたりしながら，曲の特徴にふさわしい表現を工夫し，どのように演奏するかについて思いや意図をもつこと。
　イ　次の(ｱ)及び(ｲ)について理解すること。
　　(ｱ)　曲想と音楽の構造との関わり
　　(ｲ)　多様な楽器の音色や響きと演奏の仕方との関わり
　ウ　思いや意図に合った表現をするために必要な次の(ｱ)から(ｳ)までの技能を身に付けること。
　　(ｱ)　範奏を聴いたり，ハ長調及びイ短調の楽譜を見たりして演奏する技能
　　(ｲ)　音色や響きに気を付けて，旋律楽器及び打楽器を演奏する技能
　　(ｳ)　各声部の楽器の音や全体の響き，伴奏を聴いて，音を合わせて演奏する技能

(3) 音楽づくりの活動を通して，次の事項を身に付けることができるよう指導する。
　ア　音楽づくりについての知識や技能を得た

り生かしたりしながら，次の(ア)及び(イ)をできるようにすること。
(ア) 即興的に表現することを通して，音楽づくりの様々な発想を得ること。
(イ) 音を音楽へと構成することを通して，どのように全体のまとまりを意識した音楽をつくるかについて思いや意図をもつこと。
イ 次の(ア)及び(イ)について，それらが生み出すよさや面白さなどと関わらせて理解すること。
(ア) いろいろな音の響きやそれらの組合せの特徴
(イ) 音やフレーズのつなげ方や重ね方の特徴
ウ 発想を生かした表現や，思いや意図に合った表現をするために必要な次の(ア)及び(イ)の技能を身に付けること。
(ア) 設定した条件に基づいて，即興的に音を選択したり組み合わせたりして表現する技能
(イ) 音楽の仕組みを用いて，音楽をつくる技能

B 鑑 賞
(1) 鑑賞の活動を通して，次の事項を身に付けることができるよう指導する。
ア 鑑賞についての知識を得たり生かしたりしながら，曲や演奏のよさなどを見いだし，曲全体を味わって聴くこと。
イ 曲想及びその変化と，音楽の構造との関わりについて理解すること。

〔共通事項〕
(1) 「A表現」及び「B鑑賞」の指導を通して，次の事項を身に付けることができるよう指導する。
ア 音楽を形づくっている要素を聴き取り，それらの働きが生み出すよさや面白さ，美しさを感じ取りながら，聴き取ったことと感じ取ったこととの関わりについて考えること。
イ 音楽を形づくっている要素及びそれらに関わる音符，休符，記号や用語について，音楽における働きと関わらせて理解するこ

と。

3 内容の取扱い
(1) 歌唱教材は次に示すものを取り扱う。
ア 主となる歌唱教材については，各学年ともイの共通教材の中の3曲を含めて，斉唱及び合唱で歌う曲
イ 共通教材
〔第5学年〕
「こいのぼり」（文部省唱歌）
「子もり歌」（日本古謡）
「スキーの歌」（文部省唱歌）林柳波（はやしりゅうは）作詞 橋本国彦（はしもとくにひこ）作曲
「冬げしき」（文部省唱歌）
〔第6学年〕
「越天楽今様（えてんらくいまよう）（歌詞は第2節まで）」（日本古謡）慈鎮（じちん）和尚作歌
「おぼろ月夜」（文部省唱歌）高野辰之（たかのたつゆき）作詞 岡野貞一（おかのていいち）作曲
「ふるさと」（文部省唱歌）高野辰之（たかのたつゆき）作詞 岡野貞一（おかのていいち）作曲
「われは海の子（歌詞は第3節まで）」（文部省唱歌）
(2) 主となる器楽教材については，楽器の演奏効果を考慮し，簡単な重奏や合奏などの曲を取り扱う。
(3) 鑑賞教材は次に示すものを取り扱う。
ア 和楽器の音楽を含めた我が国の音楽や諸外国の音楽など文化との関わりを捉えやすい音楽，人々に長く親しまれている音楽など，いろいろな種類の曲
イ 音楽を形づくっている要素の働きを感じ取りやすく，聴く喜びを深めやすい曲
ウ 楽器の音や人の声が重なり合う響きを味わうことができる，合奏，合唱を含めたいろいろな演奏形態による曲

第3 指導計画の作成と内容の取扱い
1 指導計画の作成に当たっては，次の事項に配慮するものとする。
(1) 題材など内容や時間のまとまりを見通して，

その中で育む資質・能力の育成に向けて，児童の主体的・対話的で深い学びの実現を図るようにすること。その際，音楽的な見方・考え方を働かせ，他者と協働しながら，音楽表現を生み出したり音楽を聴いてそのよさなどを見いだしたりするなど，思考，判断し，表現する一連の過程を大切にした学習の充実を図ること。

(2) 第2の各学年の内容の「A表現」の(1)，(2)及び(3)の指導については，ア，イ及びウの各事項を，「B鑑賞」の(1)の指導については，ア及びイの各事項を適切に関連させて指導すること。

(3) 第2の各学年の内容の〔共通事項〕は，表現及び鑑賞の学習において共通に必要となる資質・能力であり，「A表現」及び「B鑑賞」の指導と併せて，十分な指導が行われるよう工夫すること。

(4) 第2の各学年の内容の「A表現」の(1)，(2)及び(3)並びに「B鑑賞」の(1)の指導については，適宜，〔共通事項〕を要として各領域や分野の関連を図るようにすること。

(5) 国歌「君が代」は，いずれの学年においても歌えるよう指導すること。

(6) 低学年においては，第1章総則の第2の4の(1)を踏まえ，他教科等との関連を積極的に図り，指導の効果を高めるようにするとともに，幼稚園教育要領等に示す幼児期の終わりまでに育ってほしい姿との関連を考慮すること。特に，小学校入学当初においては，生活科を中心とした合科的・関連的な指導や，弾力的な時間割の設定を行うなどの工夫をすること。

(7) 障害のある児童などについては，学習活動を行う場合に生じる困難さに応じた指導内容や指導方法の工夫を計画的，組織的に行うこと。

(8) 第1章総則の第1の2の(2)に示す道徳教育の目標に基づき，道徳科などとの関連を考慮しながら，第3章特別の教科道徳の第2に示す内容について，音楽科の特質に応じて適切な指導をすること。

2　第2の内容の取扱いについては，次の事項に配慮するものとする。

(1) 各学年の「A表現」及び「B鑑賞」の指導に当たっては，次のとおり取り扱うこと。

ア　音楽によって喚起されたイメージや感情，音楽表現に対する思いや意図，音楽を聴いて感じ取ったことや想像したことなどを伝え合い共感するなど，音や音楽及び言葉によるコミュニケーションを図り，音楽科の特質に応じた言語活動を適切に位置付けられるよう指導を工夫すること。

イ　音楽との一体感を味わい，想像力を働かせて音楽と関わることができるよう，指導のねらいに即して体を動かす活動を取り入れること。

ウ　児童が様々な感覚を働かせて音楽への理解を深めたり，主体的に学習に取り組んだりすることができるようにするため，コンピュータや教育機器を効果的に活用できるよう指導を工夫すること。

エ　児童が学校内及び公共施設などの学校外における音楽活動とのつながりを意識できるようにするなど，児童や学校，地域の実態に応じ，生活や社会の中の音や音楽と主体的に関わっていくことができるよう配慮すること。

オ　表現したり鑑賞したりする多くの曲について，それらを創作した著作者がいることに気付き，学習した曲や自分たちのつくった曲を大切にする態度を養うようにするとともに，それらの著作者の創造性を尊重する意識をもてるようにすること。また，このことが，音楽文化の継承，発展，創造を支えていることについて理解する素地となるよう配慮すること。

(2) 和音の指導に当たっては，合唱や合奏などの活動を通して和音のもつ表情を感じ取ることができるようにすること。また，長調及び短調の曲においては，Ⅰ，Ⅳ，Ⅴ及びⅤ₇などの和音を中心に指導すること。

(3) 我が国や郷土の音楽の指導に当たっては，そのよさなどを感じ取って表現したり鑑賞したりできるよう，音源や楽譜等の示し方，伴奏の仕方，曲に合った歌い方や楽器の演奏の仕方などの指導方法を工夫すること。

(4) 各学年の「A表現」の(1)の歌唱の指導に当
たっては，次のとおり取り扱うこと。
　ア　歌唱教材については，我が国や郷土の音
　　楽に愛着がもてるよう，共通教材のほか，
　　長い間親しまれてきた唱歌，それぞれの地
　　方に伝承されているわらべうたや民謡など
　　日本のうたを含めて取り上げるようにする
　　こと。
　イ　相対的な音程感覚を育てるために，適宜，
　　移動ド唱法を用いること。
　ウ　変声以前から自分の声の特徴に関心をも
　　たせるとともに，変声期の児童に対して適
　　切に配慮すること。
(5) 各学年の「A表現」の(2)の楽器については，
次のとおり取り扱うこと。
　ア　各学年で取り上げる打楽器は，木琴，鉄
　　琴，和楽器，諸外国に伝わる様々な楽器を
　　含めて，演奏の効果，児童や学校の実態を
　　考慮して選択すること。
　イ　第1学年及び第2学年で取り上げる旋律
　　楽器は，オルガン，鍵盤ハーモニカなどの
　　中から児童や学校の実態を考慮して選択す
　　ること。
　ウ　第3学年及び第4学年で取り上げる旋律
　　楽器は，既習の楽器を含めて，リコーダー
　　や鍵盤楽器，和楽器などの中から児童や学
　　校の実態を考慮して選択すること。
　エ　第5学年及び第6学年で取り上げる旋律
　　楽器は，既習の楽器を含めて，電子楽器，
　　和楽器，諸外国に伝わる楽器などの中から
　　児童や学校の実態を考慮して選択すること。
　オ　合奏で扱う楽器については，各声部の役
　　割を生かした演奏ができるよう，楽器の特
　　性を生かして選択すること。
(6) 各学年の「A表現」の(3)の音楽づくりの指
導に当たっては，次のとおり取り扱うこと。
　ア　音遊びや即興的な表現では，身近なもの
　　から多様な音を探したり，リズムや旋律を
　　模倣したりして，音楽づくりのための発想
　　を得ることができるよう指導すること。そ
　　の際，適切な条件を設定するなど，児童が
　　無理なく音を選択したり組み合わせたりす
　　ることができるよう指導を工夫すること。

　イ　どのような音楽を，どのようにしてつく
　　るかなどについて，児童の実態に応じて具
　　体的な例を示しながら指導するなど，見通
　　しをもって音楽づくりの活動ができるよう
　　指導を工夫すること。
　ウ　つくった音楽については，指導のねらい
　　に即し，必要に応じて作品を記録させるこ
　　と。作品を記録する方法については，図や
　　絵によるもの，五線譜など柔軟に指導する
　　こと。
　エ　拍のないリズム，我が国の音楽に使われ
　　ている音階や調性にとらわれない音階など
　　を児童の実態に応じて取り上げるようにす
　　ること。
(7) 各学年の「B鑑賞」の指導に当たっては，
言葉などで表す活動を取り入れ，曲想と音楽
の構造との関わりについて気付いたり理解し
たり，曲や演奏の楽しさやよさなどを見いだ
したりすることができるよう指導を工夫する
こと。
(8) 各学年の〔共通事項〕に示す「音楽を形づ
くっている要素」については，児童の発達の
段階や指導のねらいに応じて，次のア及びイ
から適切に選択したり関連付けたりして指導
すること。
　ア　音楽を特徴付けている要素
　　音色，リズム，速度，旋律，強弱，音の重
　　なり，和音の響き，音階，調，拍，フレー
　　ズなど
　イ　音楽の仕組み
　　反復，呼びかけとこたえ，変化，音楽の縦
　　と横との関係など
(9) 各学年の〔共通事項〕の(1)のイに示す「音
符，休符，記号や用語」については，児童の
学習状況を考慮して，次に示すものを音楽に
おける働きと関わらせて理解し，活用できる
よう取り扱うこと。

193

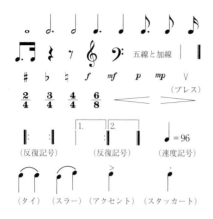

【保・幼・小・中の連携】

> 小学校学習指導要領
> （平成29年3月）
> 第1章　総則

第2　教育課程の編成
4　学校段階等間の接続
　教育課程の編成に当たっては，次の事項に配慮しながら，学校段階等間の接続を図るものとする。
(1)　幼児期の終わりまでに育ってほしい姿を踏まえた指導を工夫することにより，幼稚園教育要領等に基づく幼児期の教育を通して育まれた資質・能力を踏まえて教育活動を実施し，児童が主体的に自己を発揮しながら学びに向かうことが可能となるようにすること。
　また，低学年における教育全体において，例えば生活科において育成する自立し生活を豊かにしていくための資質・能力が，他教科等の学習においても生かされるようにするなど，教科間の関連を積極的に図り，幼児期の教育及び中学年以降の教育との円滑な接続が図られるよう工夫すること。特に，小学校入学当初においては，幼児期において自発的な活動としての遊びを通して育まれてきたことが，各教科等における学習に円滑に接続されるよう，生活科を中心に，合科的・関連的な指導や弾力的な時間割の設定など，指導の工夫や指導計画の作成を行うこと。
(2)　中学校学習指導要領及び高等学校学習指導要領を踏まえ，中学校教育及びその後の教育との円滑な接続が図られるよう工夫すること。特に，義務教育学校，中学校連携型小学校及び中学校併設型小学校においては，義務教育9年間を見通した計画的かつ継続的な教育課程を編成すること。

> 幼稚園教育要領
> （平成29年3月）
> 第1章　総則

第3　教育課程の役割と編成等
5　小学校教育との接続に当たっての留意事項
(1)　幼稚園においては，幼稚園教育が，小学校以降の生活や学習の基盤の育成につながることに配慮し，幼児期にふさわしい生活を通して，創造的な思考や主体的な生活態度などの基礎を培うようにするものとする。
(2)　幼稚園教育において育まれた資質・能力を踏まえ，小学校教育が円滑に行われるよう，小学校の教師との意見交換や合同の研究の機会などを設け，「幼児期の終わりまでに育ってほしい姿」を共有するなど連携を図り，幼稚園教育と小学校教育との円滑な接続を図るよう努めるものとする。

> 幼稚園教育要領
> （平成29年3月）
> 第2章　ねらい及び内容

表現
〔感じたことや考えたことを自分なりに表現することを通して，豊かな感性や表現する力を養い，創造性を豊かにする。〕
1　ねらい
(1)　いろいろなものの美しさなどに対する豊かな感性をもつ。
(2)　感じたことや考えたことを自分なりに表現

資　料

して楽しむ。

(3) 生活の中でイメージを豊かにし，様々な表現を楽しむ。

2　内容

(1) 生活の中で様々な音，形，色，手触り，動きなどに気付いたり，感じたりするなどして楽しむ。

(2) 生活の中で美しいものや心を動かす出来事に触れ，イメージを豊かにする。

(3) 様々な出来事の中で，感動したことを伝え合う楽しさを味わう。

(4) 感じたこと，考えたことなどを音や動きなどで表現したり，自由にかいたり，つくったりなどする。

(5) いろいろな素材に親しみ，工夫して遊ぶ。

(6) 音楽に親しみ，歌を歌ったり，簡単なリズム楽器を使ったりなどする楽しさを味わう。

(7) かいたり，つくったりすることを楽しみ，遊びに使ったり，飾ったりなどする。

(8) 自分のイメージを動きや言葉などで表現したり，演じて遊んだりするなどの楽しさを味わう。

3　内容の取扱い

　上記の取扱いに当たっては，次の事項に留意する必要がある。

(1) 豊かな感性は，身近な環境と十分に関わる中で美しいもの，優れたもの，心を動かす出来事などに出会い，そこから得た感動を他の幼児や教師と共有し，様々に表現することなどを通して養われるようにすること。その際，風の音や雨の音，身近にある草や花の形や色など自然の中にある音，形，色などに気付くようにすること。

(2) 幼児の自己表現は素朴な形で行われることが多いので，教師はそのような表現を受容し，幼児自身の表現しようとする意欲を受け止めて，幼児が生活の中で幼児らしい様々な表現を楽しむことができるようにすること。

(3) 生活経験や発達に応じ，自ら様々な表現を楽しみ，表現する意欲を十分に発揮させることができるように，遊具や用具などを整えたり，様々な素材や表現の仕方に親しんだり，他の幼児の表現に触れられるよう配慮したり

し，表現する過程を大切にして自己表現を楽しめるように工夫すること。

幼保連携型認定こども園教育・保育要領
（平成29年3月）
第1章　総則

第2　教育及び保育の内容並びに子育ての支援等に関する全体的な計画等

1　教育及び保育の内容並びに子育ての支援等に関する全体的な計画の作成等

(5) 小学校教育との接続に当たっての留意事項

　ア　幼保連携型認定こども園においては，その教育及び保育が，小学校以降の生活や学習の基盤の育成につながることに配慮し，乳幼児期にふさわしい生活を通して，創造的な思考や主体的な生活態度などの基礎を培うようにするものとする。

　イ　幼保連携型認定こども園の教育及び保育において育まれた資質・能力を踏まえ，小学校教育が円滑に行われるよう，小学校の教師との意見交換や合同の研究の機会などを設け，「幼児期の終わりまでに育ってほしい姿」を共有するなど連携を図り，幼保連携型認定こども園における教育及び保育と小学校教育との円滑な接続を図るよう努めるものとする。

保育所保育指針
（平成29年3月）
第2章　保育の内容

3　3歳以上児の保育に関するねらい及び内容

(2) ねらい及び内容

　オ　表現

　　感じたことや考えたことを自分なりに表現することを通して，豊かな感性や表現する力を養い，創造性を豊かにする。

　　(ア) ねらい

　　① いろいろなものの美しさなどに対する豊かな感性をもつ。

195

② 感じたことや考えたことを自分なりに表現して楽しむ。

③ 生活の中でイメージを豊かにし，様々な表現を楽しむ。

(イ) 内容

① 生活の中で様々な音，形，色，手触り，動きなどに気付いたり，感じたりするなどして楽しむ。

② 生活の中で美しいものや心を動かす出来事に触れ，イメージを豊かにする。

③ 様々な出来事の中で，感動したことを伝え合う楽しさを味わう。

④ 感じたこと，考えたことなどを音や動きなどで表現したり，自由にかいたり，つくったりなどする。

⑤ いろいろな素材に親しみ，工夫して遊ぶ。

⑥ 音楽に親しみ，歌を歌ったり，簡単なリズム楽器を使ったりなどする楽しさを味わう。

⑦ かいたり，つくったりすることを楽しみ，遊びに使ったり，飾ったりなどする。

⑧ 自分のイメージを動きや言葉などで表現したり，演じて遊んだりするなどの楽しさを味わう。

(ウ) 内容の取扱い

上記の取扱いに当たっては，次の事項に留意する必要がある。

① 豊かな感性は，身近な環境と十分に関わる中で美しいもの，優れたもの，心を動かす出来事などに出会い，そこから得た感動を他の子どもや保育士等と共有し，様々に表現することなどを通して養われるようにすること。その際，風の音や雨の音，身近にある草や花の形や色など自然の中にある音，形，色などに気付くようにすること。

② 子どもの自己表現は素朴な形で行われることが多いので，保育士等はそのような表現を受容し，子ども自身の表現しようとする意欲を受け止めて，子どもが生活の中で子どもらしい様々な表現を楽しむことができるようにすること。

③ 生活経験や発達に応じ，自ら様々な表現を楽しみ，表現する意欲を十分に発揮させることができるように，遊具や用具などを整えたり，様々な素材や表現の仕方に親しんだり，他の子どもの表現に触れられるよう配慮したりし，表現する過程を大切にして自己表現を楽しめるように工夫すること。

4 保育の実施に関して留意すべき事項

(2) 小学校との連携

ア 保育所においては，保育所保育が，小学校以降の生活や学習の基盤の育成につながることに配慮し，幼児期にふさわしい生活を通じて，創造的な思考や主体的な生活態度などの基礎を培うようにすること。

イ 保育所保育において育まれた資質・能力を踏まえ，小学校教育が円滑に行われるよう，小学校教師との意見交換や合同の研究の機会などを設け，第1章の4の(2)に示す「幼児期の終わりまでに育って欲しい姿」を共有するなど連携を図り，保育所保育と小学校教育との円滑な接続を図るよう努めること。

ウ 子どもに関する情報共有に関して，保育所に入所している子どもの就学に際し，市町村の支援の下に，子どもの育ちを支えるための資料が保育所から小学校へ送付されるようにすること。

中学校学習指導要領
（平成29年3月）
第2章　第5節　音楽

第1　目　標

表現及び鑑賞の幅広い活動を通して，音楽的な見方・考え方を働かせ，生活や社会の中の音や音楽，音楽文化と豊かに関わる資質・能力を次のとおり育成することを目指す。

(1) 曲想と音楽の構造や背景などとの関わり及び音楽の多様性について理解するとともに，創意工夫を生かした音楽表現をするために必要な技能を身に付けるようにする。

資　料

(2) 音楽表現を創意工夫することや，音楽のよ
　　さや美しさを味わって聴くことができるよう
　　にする。
(3) 音楽活動の楽しさを体験することを通して，
　　音楽を愛好する心情を育むとともに，音楽に
　　対する感性を豊かにし，音楽に親しんでいく
　　態度を養い，豊かな情操を培う。

第2　各学年の目標及び内容

〔第1学年〕
1　目　標
(1) 曲想と音楽の構造などとの関わり及び音楽
　　の多様性について理解するとともに，創意工
　　夫を生かした音楽表現をするために必要な歌
　　唱，器楽，創作の技能を身に付けるようにす
　　る。
(2) 音楽表現を創意工夫することや，音楽を自
　　分なりに評価しながらよさや美しさを味わっ
　　て聴くことができるようにする。
(3) 主体的・協働的に表現及び鑑賞の学習に取
　　り組み，音楽活動の楽しさを体験することを
　　通して，音楽文化に親しむとともに，音楽に
　　よって生活を明るく豊かなものにしていく態
　　度を養う。
2　内　容
A　表　現
(1) 歌唱の活動を通して，次の事項を身に付け
　　ることができるよう指導する。
　　ア　歌唱表現に関わる知識や技能を得たり生
　　　　かしたりしながら，歌唱表現を創意工夫す
　　　　ること。
　　イ　次の(ア)及び(イ)について理解すること。
　　　　(ア)　曲想と音楽の構造や歌詞の内容との関
　　　　　　わり
　　　　(イ)　声の音色や響き及び言葉の特性と曲種
　　　　　　に応じた発声との関わり
　　ウ　次の(ア)及び(イ)の技能を身に付けること。
　　　　(ア)　創意工夫を生かした表現で歌うために
　　　　　　必要な発声，言葉の発音，身体の使い方
　　　　　　などの技能
　　　　(イ)　創意工夫を生かし，全体の響きや各声
　　　　　　部の声などを聴きながら他者と合わせて
　　　　　　歌う技能

(2) 器楽の活動を通して，次の事項を身に付け
　　ることができるよう指導する。
　　ア　器楽表現に関わる知識や技能を得たり生
　　　　かしたりしながら，器楽表現を創意工夫す
　　　　ること。
　　イ　次の(ア)及び(イ)について理解すること。
　　　　(ア)　曲想と音楽の構造との関わり
　　　　(イ)　楽器の音色や響きと奏法との関わり
　　ウ　次の(ア)及び(イ)の技能を身に付けること。
　　　　(ア)　創意工夫を生かした表現で演奏するた
　　　　　　めに必要な奏法，身体の使い方などの技
　　　　　　能
　　　　(イ)　創意工夫を生かし，全体の響きや各声
　　　　　　部の音などを聴きながら他者と合わせて
　　　　　　演奏する技能
(3) 創作の活動を通して，次の事項を身に付け
　　ることができるよう指導する。
　　ア　創作表現に関わる知識や技能を得たり生
　　　　かしたりしながら，創作表現を創意工夫す
　　　　ること。
　　イ　次の(ア)及び(イ)について，表したいイメー
　　　　ジと関わらせて理解すること。
　　　　(ア)　音のつながり方の特徴
　　　　(イ)　音素材の特徴及び音の重なり方や反復，
　　　　　　変化，対照などの構成上の特徴
　　ウ　創意工夫を生かした表現で旋律や音楽を
　　　　つくるために必要な，課題や条件に沿った
　　　　音の選択や組合せなどの技能を身に付ける
　　　　こと。
B　鑑　賞
(1) 鑑賞の活動を通して，次の事項を身に付け
　　ることができるよう指導する。
　　ア　鑑賞に関わる知識を得たり生かしたりし
　　　　ながら，次の(ア)から(ウ)までについて自分な
　　　　りに考え，音楽のよさや美しさを味わって
　　　　聴くこと。
　　　　(ア)　曲や演奏に対する評価とその根拠
　　　　(イ)　生活や社会における音楽の意味や役割
　　　　(ウ)　音楽表現の共通性や固有性
　　イ　次の(ア)から(ウ)までについて理解すること。
　　　　(ア)　曲想と音楽の構造との関わり
　　　　(イ)　音楽の特徴とその背景となる文化や歴
　　　　　　史，他の芸術との関わり

197

(ｳ)　我が国や郷土の伝統音楽及びアジア地
　　域の諸民族の音楽の特徴と，その特徴か
　　ら生まれる音楽の多様性
〔共通事項〕
(1)　「Ａ表現」及び「Ｂ鑑賞」の指導を通して，
　次の事項を身に付けることができるよう指導
　する。
　　ア　音楽を形づくっている要素や要素同士の
　　　関連を知覚し，それらの働きが生み出す特
　　　質や雰囲気を感受しながら，知覚したこと
　　　と感受したこととの関わりについて考える
　　　こと。
　　イ　音楽を形づくっている要素及びそれらに
　　　関わる用語や記号などについて，音楽にお
　　　ける働きと関わらせて理解すること。
〔第２学年及び第３学年〕
１　目　標
(1)　曲想と音楽の構造や背景などとの関わり及
　び音楽の多様性について理解するとともに，
　創意工夫を生かした音楽表現をするために必
　要な歌唱，器楽，創作の技能を身に付けるよ
　うにする。
(2)　曲にふさわしい音楽表現を創意工夫するこ
　とや，音楽を評価しながらよさや美しさを味
　わって聴くことができるようにする。
(3)　主体的・協働的に表現及び鑑賞の学習に取
　り組み，音楽活動の楽しさを体験することを
　通して，音楽文化に親しむとともに，音楽に
　よって生活を明るく豊かなものにし，音楽に
　親しんでいく態度を養う。
２　内　容
Ａ　表　現
(1)　歌唱の活動を通して，次の事項を身に付け
　ることができるよう指導する。
　　ア　歌唱表現に関わる知識や技能を得たり生
　　　かしたりしながら，曲にふさわしい歌唱表
　　　現を創意工夫すること。
　　イ　次の(ｱ)及び(ｲ)について理解すること。
　　　(ｱ)　曲想と音楽の構造や歌詞の内容及び曲
　　　　の背景との関わり
　　　(ｲ)　声の音色や響き及び言葉の特性と曲種
　　　　に応じた発声との関わり
　　ウ　次の(ｱ)及び(ｲ)の技能を身に付けること。

　　　(ｱ)　創意工夫を生かした表現で歌うために
　　　　必要な発声，言葉の発音，身体の使い方
　　　　などの技能
　　　(ｲ)　創意工夫を生かし，全体の響きや各声
　　　　部の声などを聴きながら他者と合わせて
　　　　歌う技能
(2)　器楽の活動を通して，次の事項を身に付け
　ることができるよう指導する。
　　ア　器楽表現に関わる知識や技能を得たり生
　　　かしたりしながら，曲にふさわしい器楽表
　　　現を創意工夫すること。
　　イ　次の(ｱ)及び(ｲ)について理解すること。
　　　(ｱ)　曲想と音楽の構造や曲の背景との関わ
　　　　り
　　　(ｲ)　楽器の音色や響きと奏法との関わり
　　ウ　次の(ｱ)及び(ｲ)の技能を身に付けること。
　　　(ｱ)　創意工夫を生かした表現で演奏するた
　　　　めに必要な奏法，身体の使い方などの技
　　　　能
　　　(ｲ)　創意工夫を生かし，全体の響きや各声
　　　　部の音などを聴きながら他者と合わせて
　　　　演奏する技能
(3)　創作の活動を通して，次の事項を身に付け
　ることができるよう指導する。
　　ア　創作表現に関わる知識や技能を得たり生
　　　かしたりしながら，まとまりのある創作表
　　　現を創意工夫すること。
　　イ　次の(ｱ)及び(ｲ)について，表したいイメー
　　　ジと関わらせて理解すること。
　　　(ｱ)　音階や言葉などの特徴及び音のつなが
　　　　り方の特徴
　　　(ｲ)　音素材の特徴及び音の重なり方や反復，
　　　　変化，対照などの構成上の特徴
　　ウ　創意工夫を生かした表現で旋律や音楽を
　　　つくるために必要な，課題や条件に沿った
　　　音の選択や組合せなどの技能を身に付ける
　　　こと。
Ｂ　鑑　賞
(1)　鑑賞の活動を通して，次の事項を身に付け
　ることができるよう指導する。
　　ア　鑑賞に関わる知識を得たり生かしたりし
　　　ながら，次の(ｱ)から(ｳ)までについて考え，
　　　音楽のよさや美しさを味わって聴くこと。

資　　料

　　(ア)　曲や演奏に対する評価とその根拠
　　(イ)　生活や社会における音楽の意味や役割
　　(ウ)　音楽表現の共通性や固有性
　イ　次の(ア)から(ウ)までについて理解すること。
　　(ア)　曲想と音楽の構造との関わり
　　(イ)　音楽の特徴とその背景となる文化や歴史，他の芸術との関わり
　　(ウ)　我が国や郷土の伝統音楽及び諸外国の様々な音楽の特徴と，その特徴から生まれる音楽の多様性
〔共通事項〕
(1)　「A表現」及び「B鑑賞」の指導を通して，次の事項を身に付けることができるよう指導する。
　ア　音楽を形づくっている要素や要素同士の関連を知覚し，それらの働きが生み出す特質や雰囲気を感受しながら，知覚したことと感受したこととの関わりについて考えること。
　イ　音楽を形づくっている要素及びそれらに関わる用語や記号などについて，音楽における働きと関わらせて理解すること。

第3　指導計画の作成と内容の取扱い

1　指導計画の作成に当たっては，次の事項に配慮するものとする。
(1)　題材など内容や時間のまとまりを見通して，その中で育む資質・能力の育成に向けて，生徒の主体的・対話的で深い学びの実現を図るようにすること。その際，音楽的な見方・考え方を働かせ，他者と協働しながら，音楽表現を生み出したり音楽を聴いてそのよさや美しさなどを見いだしたりするなど，思考，判断し，表現する一連の過程を大切にした学習の充実を図ること。
(2)　第2の各学年の内容の「A表現」の(1)，(2)及び(3)の指導については，ア，イ及びウの各事項を，「B鑑賞」の(1)の指導については，ア及びイの各事項を適切に関連させて指導すること。
(3)　第2の各学年の内容の〔共通事項〕は，表現及び鑑賞の学習において共通に必要となる資質・能力であり，「A表現」及び「B鑑賞」

の指導と併せて，十分な指導が行われるよう工夫すること。
(4)　第2の各学年の内容の「A表現」の(1)，(2)及び(3)並びに「B鑑賞」の(1)の指導については，それぞれ特定の活動のみに偏らないようにするとともに，必要に応じて，〔共通事項〕を要として各領域や分野の関連を図るようにすること。
(5)　障害のある生徒などについては，学習活動を行う場合に生じる困難さに応じた指導内容や指導方法の工夫を計画的，組織的に行うこと。
(6)　第1章総則の第1の2の(2)に示す道徳教育の目標に基づき，道徳科などとの関連を考慮しながら，第3章特別の教科道徳の第2に示す内容について，音楽科の特質に応じて適切な指導をすること。

2　第2の内容の取扱いについては，次の事項に配慮するものとする。
(1)　各学年の「A表現」及び「B鑑賞」の指導に当たっては，次のとおり取り扱うこと。
　ア　音楽活動を通して，それぞれの教材等に応じ，音や音楽が生活に果たす役割を考えさせるなどして，生徒が音や音楽と生活や社会との関わりを実感できるよう指導を工夫すること。なお，適宜，自然音や環境音などについても取り扱い，音環境への関心を高めることができるよう指導を工夫すること。
　イ　音楽によって喚起された自己のイメージや感情，音楽表現に対する思いや意図，音楽に対する評価などを伝え合い共感するなど，音や音楽及び言葉によるコミュニケーションを図り，音楽科の特質に応じた言語活動を適切に位置付けられるよう指導を工夫すること。
　ウ　知覚したことと感受したこととの関わりを基に音楽の特徴を捉えたり，思考，判断の過程や結果を表したり，それらについて他者と共有，共感したりする際には，適宜，体を動かす活動も取り入れるようにすること。
　エ　生徒が様々な感覚を関連付けて音楽への

199

理解を深めたり，主体的に学習に取り組んだりすることができるようにするため，コンピュータや教育機器を効果的に活用できるよう指導を工夫すること。

オ　生徒が学校内及び公共施設などの学校外における音楽活動とのつながりを意識できるようにするなど，生徒や学校，地域の実態に応じ，生活や社会の中の音や音楽，音楽文化と主体的に関わっていくことができるよう配慮すること。

カ　自己や他者の著作物及びそれらの著作者の創造性を尊重する態度の形成を図るとともに，必要に応じて，音楽に関する知的財産権について触れるようにすること。また，こうした態度の形成が，音楽文化の継承，発展，創造を支えていることへの理解につながるよう配慮すること。

(2)　各学年の「A表現」の(1)の歌唱の指導に当たっては，次のとおり取り扱うこと。

ア　歌唱教材は，次に示すものを取り扱うこと。

(ア)　我が国及び諸外国の様々な音楽のうち，指導のねらいに照らして適切で，生徒にとって親しみがもてたり意欲が高められたり，生活や社会において音楽が果たしている役割が感じ取れたりできるもの。

(イ)　民謡，長唄などの我が国の伝統的な歌唱のうち，生徒や学校，地域の実態を考慮して，伝統的な声や歌い方の特徴を感じ取れるもの。なお，これらを取り扱う際は，その表現活動を通して，生徒が我が国や郷土の伝統音楽のよさを味わい，愛着をもつことができるよう工夫すること。

(ウ)　我が国で長く歌われ親しまれている歌曲のうち，我が国の自然や四季の美しさを感じ取れるもの又は我が国の文化や日本語のもつ美しさを味わえるもの。なお，各学年において，以下の共通教材の中から1曲以上を含めること。

「赤とんぼ」三木露風（みきろふう）作詞　山田耕筰（やまだこうさく）作曲
「荒城の月」土井晩翠（どいばんすい）

作詞　滝廉太郎（たきれんたろう）作曲
「早春賦」吉丸一昌（よしまるかずまさ）作詞　中田章（なかだあきら）作曲
「夏の思い出」江間章子（えましょうこ）作詞　中田喜直（なかだよしなお）作曲
「花」武島羽衣（たけしまはごろも）作詞　滝廉太郎（たきれんたろう）作曲
「花の街」江間章子（えましょうこ）作詞　團伊玖磨（だんいくま）作曲
「浜辺の歌」林古溪（はやしこけい）作詞　成田為三（なりたためぞう）作曲

イ　変声期及び変声前後の声の変化について気付かせ，変声期の生徒を含む全ての生徒の心理的な面についても配慮するとともに，変声期の生徒については適切な声域と声量によって歌わせるようにすること。

ウ　相対的な音程感覚などを育てるために，適宜，移動ド唱法を用いること。

(3)　各学年の「A表現」の(2)の器楽の指導に当たっては，次のとおり取り扱うこと。

ア　器楽教材は，次に示すものを取り扱うこと。

(ア)　我が国及び諸外国の様々な音楽のうち，指導のねらいに照らして適切で，生徒にとって親しみがもてたり意欲が高められたり，生活や社会において音楽が果たしている役割が感じ取れたりできるもの。

イ　生徒や学校，地域の実態などを考慮した上で，指導上の必要に応じて和楽器，弦楽器，管楽器，打楽器，鍵盤楽器，電子楽器及び世界の諸民族の楽器を適宜用いること。なお，3学年間を通じて1種類以上の和楽器を取り扱い，その表現活動を通して，生徒が我が国や郷土の伝統音楽のよさを味わい，愛着をもつことができるよう工夫すること。

(4)　歌唱及び器楽の指導における合わせて歌ったり演奏したりする表現形態では，他者と共に一つの音楽表現をつくる過程を大切にするとともに，生徒一人一人が，担当する声部の役割と全体の響きについて考え，主体的に創意工夫できるよう指導を工夫すること。

資料

(5) 読譜の指導に当たっては，小学校における学習を踏まえ，♯や♭の調号としての意味を理解させるとともに，3学年間を通じて，1♯，1♭程度をもった調号の楽譜の視唱や視奏に慣れさせるようにすること。
(6) 我が国の伝統的な歌唱や和楽器の指導に当たっては，言葉と音楽との関係，姿勢や身体の使い方についても配慮するとともに，適宜，口唱歌を用いること。
(7) 各学年の「A表現」の(3)の創作の指導に当たっては，即興的に音を出しながら音のつながり方を試すなど，音を音楽へと構成していく体験を重視すること。その際，理論に偏らないようにするとともに，必要に応じて作品を記録する方法を工夫させること。
(8) 各学年の「B鑑賞」の指導に当たっては，次のとおり取り扱うこと。
　ア　鑑賞教材は，我が国や郷土の伝統音楽を含む我が国及び諸外国の様々な音楽のうち，指導のねらいに照らして適切なものを取り扱うこと。
　イ　第1学年では言葉で説明したり，第2学年及び第3学年では批評したりする活動を取入れ，曲や演奏に対する評価やその根拠を明らかにできるよう指導を工夫すること。
(9) 各学年の〔共通事項〕に示す「音楽を形づくっている要素」については，指導のねらいに応じて，音色，リズム，速度，旋律，テクスチュア，強弱，形式，構成などから，適切に選択したり関連付けたりして指導すること。
(10) 各学年の〔共通事項〕の(1)のイに示す「用語や記号など」については，小学校学習指導要領第2章第6節音楽の第3の2の(9)に示すものに加え，生徒の学習状況を考慮して，次に示すものを音楽における働きと関わらせて理解し，活用できるよう取り扱うこと。

拍　拍子　間（ま）　序破急　フレーズ　音階　調　和音　動機
Andante　Moderato　Allegro　rit.　a tempo accel.　legato　pp　ff　dim.　D.C.　D.S.

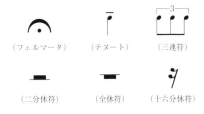

201

人名索引

ア 行

アンダーソン，R. 48, 49
イェヴァンスキ，J. 97, 101

カ 行

クライスラー，F. 48
グリーグ，E.H. 49
グリューガー，H. 94
グリューガー，J. 94
グローフェ，F. 49

サ 行

サン・サーンス，C.C. 48
シューベルト，F. 50
シンシュタイン，W.J. 46
ドボルザーク 48

ハ 行

バッハ，J.S. 50
ビゼー，G. 48
ブリテン，B. 47
プロコフィエフ，C.C. 49
ベートーベン，L.v. 47

マ 行

ムソルグスキー，M.P. 47
モーツァルト，R. 47
諸井三郎 101, 96

ヤ・ラ・ワ 行

八木正一 50
ラベル，J-M. 47
脇田和 96

事項索引

A-Z

A表現 114
B鑑賞 114
Liederfibel 94

ア 行

アッチェレランド 59
アプローチ・プログラム 117
アルト 47
意識する領域 44
意思決定 122
イングリッシュホルン 48
英語音名 88
絵かき歌 41
　オリジナル―― 41
絵譜 30, 93, 94

オクターブ 65
音の地図 46
オノマトペ
音価 97, 102, 104
音階 70
音楽科授業観 129
音楽づくり 34
音楽取調掛 2
オンチ 16
音程 73
音符 67
音部記号 66
音名 66

カ 行

雅楽 51
核音 42

合奏　22,23,31
観察者としての授業者　127
鑑識力　127
感受　18
軌道修正　116,117
休符　67
教育実習　124
教育内容　114,116
共感　114,116
教材　116
教授行為　116,121
　　状況把握に基づいた──　127
共通事項　48,69,114,117
ギロ　28
クラスター弾き　92
クラリネット　48,49
弦楽合奏　49
弦楽器　47,48
後奏　87
呼吸　10,11
コーダ　50
コード　77,78
コード・ネーム　85,88
コード記号　79
コード進行　89
コードチェンジ　85
根音　78,87
困難　119,129
　　音楽の指導法を知らないことに起因する──
　　　120
　　教材選定に関する──　120
　　子どもの状況が予想と違う・読めないという
　　　──　120
　　自己の音楽的能力に関する──　120
　　自己の授業のあり方に迷うといった──
　　　120
　　授業の進め方に関する──　120
　　障害児への指導に関する──　120
　　評価に関する──　120

サ　行

擦弦楽器　51

自覚的な学び　113
姿勢　6,9
自然の素材　36
指導的評価　46,116
締太鼓　51
尺八　51
三味線　51
授業ルーチン　125,128,129
主題　50
受容　114,116,117
主要三和音　76
笙　51
唱歌　1,2
小学校学習指導要領　113
状況把握　121
　　──に基づいた教授行為　127
新人教師　120
省察　129
成長のための大切なレッスン　130
全音　70
選曲　17,103
前奏　87,88
箏　51
奏法　24
速度　81,114
ソプラノ　47

タ　行

大譜表　66,85,88
打楽器　35
叩き　56
短絡的指導　49
チェロ　48
調子外れ　16
手づくり楽器　34,35,38
テノール　47

ナ・ハ　行

能動的に聴かせる　44,52
バイオリン　48,53
拍　69,113,116
バス　47

事項索引

働きかけ　113,114,116
撥弦楽器　35
発声　10,12,13
半音　70
伴奏法　85,87
比喩的な歌詞　42
評価規準　120
拍子　69
ファゴット　49
フェルマータ　60,82
フルート　48
変奏　89
保育　114,115
保育者　113,115,117
保育所保育指針　113
ホーミー　51
没頭　115,116
　　──の保障　113
ボディーパーカッション　31
保幼小接続期　113
ポルタメント　48,53

マ　行

間　40
マラカス　28
見えない活動　44
見える活動　44
見きわめ　124
都節音階　51

民謡音階　51
民謡のテトラコルド　42
無意識の領域　44
無自覚　117
　　な学び──　113
無伴奏　84
メンター　128
木管楽器　47
モリンホール（馬頭琴）　51

ヤ　行

やりっ放しの鑑賞指導　44
様子を思い浮かべる活動　48
幼稚園教育要領　113
幼保連携型認定こども園教育・保育要領　113
予備拍　59

ラ・ワ　行

リアリティ・ショック　119,129
リズム唱　39
リタルダンド　59
律音階　51
リトルネロ　50
琉球音階　51
レインスティック　37
呂音階　51
ロンド形式　50
和音　75
わらべうた　42,115

205

監修者

原　清治　_{はら　きよはる}（佛教大学教育学部教授）

春日井敏之　_{かすがい　としゆき}（立命館大学大学院教職研究科・文学部教授）

篠原正典　_{しのはら　まさのり}（佛教大学教育学部教授）

森田真樹　_{もりた　まさき}（立命館大学大学院教職研究科教授）

執筆者紹介 （所属，執筆分担，執筆順，＊は編者）

臼井奈緒　_{うすい　なお}（湊川短期大学幼児教育保育学科准教授：第1・2・8章）

＊高見仁志　_{たかみ　ひとし}（編著者紹介参照：第3・4・7・9・10章）

菅　裕　_{すが　ひろし}（宮崎大学大学院教育研究科教授：第5・11章（通常伴奏，伴奏譜））

山本千紗　_{やまもと　ちさ}（姫路大学教育学部専任講師：第6章）

大澤智恵　_{おおさわ　ちえ}（京都市立芸術大学音楽学部客員研究員：第11章（簡易伴奏，伴奏譜））

日本音楽著作権協会(出)許諾第1802655-801

編著者紹介

高見　仁志（たかみ・ひとし）　佛教大学教育学部教授　第3・4・7・9・10章

1964年生まれ。
現　在　佛教大学教育学部教授。
主　著　『幼児の音楽教育法──美しい歌声をめざして』（共著）ふくろう出版，2009年。
　　　　『小学校音楽科教育法──学力の構築をめざして』（共著）ふくろう出版，2010年。
　　　　『これ1冊で子どももノリノリ 音楽授業のプロになれるアイデアブック』（単著）明治図
　　　　書出版，2010年。
　　　　『「表現」がみるみる広がる！保育ソング90』（共編著）明治図書出版，2012年。
　　　　『担任力をあげる学級づくり・授業づくりの超原則』（単著）明治図書出版，2013年。
　　　　『音楽科における教師の力量形成』（単著）ミネルヴァ書房，2014年。

新しい教職教育講座　教科教育編⑥
初等音楽科教育
──保幼小の確かな連携をめざして──

2018年3月31日　初版第1刷発行　　　　　　　　　　〈検印省略〉

定価はカバーに
表示しています

監 修 者	原　　清治／春日井敏之 篠原正典／森田真樹
編 著 者	高　見　仁　志
発 行 者	杉　田　啓　三
印 刷 者	坂　本　喜　杏

発行所　株式会社　ミネルヴァ書房
607-8494　京都市山科区日ノ岡堤谷町1
電話代表　（075）581-5191
振替口座　01020-0-8076

© 高見ほか，2018　　　冨山房インターナショナル・藤沢製本

ISBN 978-4-623-08202-5

Printed in Japan

新しい教職教育講座

原 清治・春日井敏之・篠原正典・森田真樹 監修

全23巻 （＊は既刊）

（Ａ５判・並製・各巻平均220頁・各巻2000円（税別））

教職教育編
① 教育原論 　　　　　　　　　　　　山内清郎・原 清治・春日井敏之 編著
＊② 教職論 　　　　　　　　　　　　　　久保富三夫・砂田信夫 編著
③ 教育社会学 　　　　　　　　　　　　　　原 清治・山内乾史 編著
④ 教育心理学 　　　　　　　　　　　　　神藤貴昭・橋本憲尚 編著
⑤ 特別支援教育 　　　　　　　　　　　　　原 幸一・堀家由妃代 編著
＊⑥ 教育課程・教育評価 　　　　　　　　　　細尾萌子・田中耕治 編著
⑦ 道徳教育 　　　　　　　　　　　　　　　荒木寿友・藤井基貴 編著
＊⑧ 総合的な学習の時間 　　　　　　　　　　森田真樹・篠原正典 編著
＊⑨ 特別活動 　　　　　　　　　　　　　　　中村 豊・原 清治 編著
⑩ 教育の方法と技術 　　　　　　　　　　　篠原正典・荒木寿友 編著
⑪ 生徒指導・進路指導 　　　　　　　　　　春日井敏之・山岡雅博 編著
⑫ 教育相談 　　　　　　　　　　春日井敏之・渡邉照美・中村 健 編著
⑬ 教育実習・学校体験活動 　　　　　　　　　小林 隆・森田真樹 編著

教科教育編
① 初等国語科教育 　　　　　　　　　　　　井上雅彦・青砥弘幸 編著
＊② 初等社会科教育 　　　　　　　　　　　　　中西 仁・小林 隆 編著
③ 算数科教育 　　　　　　　　　　岡本尚子・二澤善紀・月岡卓也 編著
④ 初等理科教育 　　　　　　　　　　　　　山下芳樹・平田豊誠 編著
＊⑤ 生活科教育 　　　　　　　　　　　　　　鎌倉 博・船越 勝 編著
⑥ 初等音楽科教育 　　　　　　　　　　　　　　　　高見仁志 編著
⑦ 図画工作 　　　　　　　　　　　　　　波多野達二・三宅茂夫 編著
⑧ 初等家庭科教育 　　　　　　　　　　　　三沢徳枝・勝田映子 編著
＊⑨ 初等体育科教育 　　　　　　　　　　　　石田智巳・山口孝治 編著
＊⑩ 初等外国語教育 　　　　　　　　　　　　　　　　湯川笑子 編著

ミネルヴァ書房

http://www.minervashobo.co.jp/